温州大典

歷代古籍編

中華書局

經部

影鈔元刊本六書故

〔宋〕戴侗撰

第二册

六書故

六卷

地理三

三

[redacted]

六書故弟六

永嘉戴　侗

地理三

水

水式軌切北方之行也象形八卦☵坎為水卦衡文从其象一也

水之象形

泉

泉疾延切水之初出泓渟而始流者也象

原

彤貝錢謂之泉言亐其流通也

泉之會意

厵愚袁切水本也从泉出厂下（別作源）俗爲原隰原田之原地廣亐曰原（別作邍）因原田之義引之爲亐易楚歷亐字原鄉原㠯亐自予者也故謂之原（讀作愿非）又引之爲原宥又借義爲再原箋再箋也原

函　谷　㕣

蠶再畜之蠶也（別作𧕎）記曰末有原漢有

原廟

函烏玄切水回斡而深爲函亦作𣶒（別作淵渕）

谷古祿切泉出通川爲谷象水出谷口

谷之會意

㕣与專切谷口也从谷省（說文在口部山間臽泥地）

从口从水敗皃讀若沇沇九州之渥

地也徐鍇曰口象山間八半水也

㕡　叡　豁

小五十三

㕡私閏切說文曰濬通川也从𣦼𣦼殘地坑坎意也別作濬浚書云濬哲文明濬而通曰

睿

叡呼各切谷爲水叔豂谽呀濬臽曰叡亦作壑加土谷之豁聲

豁呼括切谷敞也

谹　䜫　谾　谽　谺　谿

谹戶萌切谷中響也

䜫盧紅切⿰谷同呼公苦紅二切䜫谾谷中虛也亦單作籠空

谽呼含切亦作⿰谷今谺虛加切亦作⿰谷閑谽谺谷口張也亦通作唅呼

谿何雞切谷中戾石也莊周曰室無空虛則婦姑勃谿

川　州　邕

小十九

川昌緣切通流爲川从水象川流埶馳川之象形

州隻畱切水中地也象形亦作州凡在水中丐地爲州山爲島九土在三海中謂之九州俗作洲加水非

邕於容切水邕上聲而畜也象壘土邕水周官邕氏掌溝瀆澮池之禁池所吕鍾

其邕也溝澮所㠯宣其邕也别作壅灉雝禹貢曰邕且會同爾雅曰水自河出爲邕益水邕而匑匯也凡水之畜聚爲邕亏聲灉水爲邕上聲㠯糞土堷⿰舟直爲邕右聲今俗作壅⿱皿乞邕底聚而爲殤亦曰邕且别作⿰歹雝臃

𡿧

𡿧祖來切川衡塞爲害也與灾災菑通川之指事

巜　𡿨

小廿九

巜古外切又作澮𡿨畎犬切又作甽畎

周官匠人爲溝洫耜廣五寸二耜爲耦一耦之伐廣尺深尺謂之𡿨田首倍之廣二尺深二尺謂之遂九夫爲井井閒廣三尺深三尺謂之溝方十里爲成成閒廣八尺深八尺謂之洫方百里爲同同閒廣二尋深二仞謂之澮專達於川

粼　巟

川大巜小故从畎川而殺从大く小故く畎从而殺書云濬畎澮距川澮又為水名詳見汾下

从之龤聲

粼力珍切水流石上粼粼然也

川之龤聲

巟呼光切說文曰水廣也

巠　𡿧　永

巠古靈切說文曰水𠂢也亦作巠全省聲或曰工聲

𡿧良辥切說文曰水流𡿧𡿧也歺省聲

永于景切水長流也象兩水接流凡事物之長因通曰永又爲命于亮二切潛行水中謂之永詩云漢之廣矣不可永思別作泳引之則長言曰永詩大序曰嗟歎之不足

𠂢　羕

故永歌之别作詠咏

永之轉注

𠂢匹卦切水之流别也别作派

永之諧聲

羕余亮切水流舒緩演羕也别作漾瀁書云嶓冢道羕東流爲漢漢尚羕出氐道至武都爲漢舅曰嶓冢之東南爲興元府

小十六

興州函北爲鳳州成州自嶓冢道羕其東流者爲漢函流南流爲沔葢禹所不至故禹貢不載也

沝

水之會意

沝 說文曰二水也孫氏之壘切

流

沝之會意

𣵺 力求切水行也从㐬與疏同意亦作

淼　衍　潮

沇又㕣聲俗作沿

淼亾沼切大水淼漫也从三水取其多也楚辭曰淼南度之焉如亦僭用眇别作渺

衍㠯淺切水流衍羡也故从行引之則土之叓衍者亦曰衍所謂墳衍也又因之爲游衍别作演演孫氏弋刃切叔重曰衍水朝宗亐海也演水脈行地中演演也

潮直遥切汐詳亦切江海之水朝生爲潮

大日廿五

汐　洑　海

夕生爲汐

洑房六切伏流也又作澓

水之龤聲

海呼改切衆水所歸也環九州之三方皆海故曰三海勃解海一方之名漢勃海郡在幽州濱海俗作渤澥又海亦謂之瀛始於鄒衍稱三海之外如中國者凡九裨海環之又如是者九瀛海環之其言不經故其字不録

河

𣲖胡歌切天下之經川二江河是也禹貢曰道河積石河原自今積石軍過梁雒豫沇徐入于海班固曰自張騫窮河原烏覩所謂昆侖者哉輿地記曰唐世吐蕃居積石之西聘使往來非一始見黃河在吐蕃西南數千里東北流與積石河相連長慶中薛元鼎為會盟使言河之上流由洪濟西南行二千里水益狹春冬可涉夏秋乃勝舟其南三百里三山中高而三下曰紫山直大羊同國古所謂昆侖也蔡氏禹貢說作薛元鼎其言河原與此大同小異當攷徐鍇曰河出昆侖東流潛

行地中至規谷山北流爲二一出于闐憂合東注蒲類海憂潛行南出積石山㣙謂鑿元鼎既不旻昆侖之實據其言河原又在吐蕃亟南二千里亦非往來使者所能窮也潛行地中之説尤茫昧禹貢但言道河積石蓋河之可見者自積石而已廿之辯慱者毎欲求加於聖人亦惑矣　北方土厚而地勢乎水行土中其水常黄濁故曰黄河故北方之水多㠯河名南方之水多㠯江名南方之水乎而流土中者亦謂之河云

渭　涇

渭〔篆〕云貴切。禹貢曰：道渭自鳥鼠同穴。鳥鼠山在今熙州狄道縣，自鳥鼠過秦隴鳳翔至永興華州之華陰縣入于河。

涇〔篆〕古靈切。漢志水出安定涇陽縣幵頭山，今渭州于涼縣也（蔡氏曰：原州百泉縣），東南至永興軍高陵縣入于渭。涇水㝡濁，古稱涇水一石其泥數斗。詩云涇㠯渭濁。又涇水出蕪

湖

溙　汧

溙親吉切說文曰出扶風杜陵縣岐山令鳳翔府普潤縣也東入渭鼂氏曰令普潤縣東北岐山之東南溙溪出焉東流至耀州華原富平縣入沮東至同州白水縣入洛洛入渭

汧苦堅切漢志水出又扶風汧縣吳山令隴州汧原縣也入于渭輿地記曰汧原縣有岍山汧水出焉然則直當作岍尔又右聲爾

滻　湟　洛

雅曰泉出不流也
又水決之澤爲汧

滻所簡切水經曰水出京兆藍田谷今藍田縣也北至霸陵入于霸霸入于渭

湟乎光切漢志水出金城臨羌鹽池北今湟州也東至允吾入河

洛盧各切禹貢曰道洛自熊耳今商州上雒縣東北至今河南府鞏縣入于河亦作

瀍　汾

雒 或曰上雒山名也因㠯名水魚豢曰漢㠯火德王忌水改爲雒按漢都長安不改涇渭且國号漢从水不聞有改魚説非也漢志又有洛水出馮翊褱德縣彊梁原入渭豈㠯二字爲二水之辨耶又今漢州什邡縣章山洛水出焉過雒縣

瀍 瀍延切漢志水出河南穀城縣今河南府河南縣北山至偃師縣入亏洛

汾 符分切漢志水出汾陽北山今嵐州宜芳縣西南至汾陰今河中府榮河縣入亏

涑　沁

河澮出西霍山西南入汾

涑息録切春秋傳晉𢇍秦曰伐我涑川杜氏曰涑出河東聞喜縣今解州聞喜縣也西南至蒲坂縣今河中府河東縣入于河

沁七鴆所禁二切漢志水出上黨穀遠縣羊頭山世靡谷今豐州沁原縣東南至今褱州武陟縣入河

潞　湡

小曰五八

潞洛故切周官職方氏冀州之浸汾潞康成曰潞出歸悳漢志作洛出北地歸縣北蠻夷中輿地記曰卽濁漳也在今潞城縣古潞子國也

湡渠之切說文曰水出河内共北山東入河或曰出隆慮西山漢志水出河内共縣今衛州共城縣也東至黎陽今開悳府臨河縣也入河水經曰出河内隆慮縣大號山今相州縣也至廣宗縣今大名府臨清縣爲清河舅氏曰漢志水經所記不同未知孰是竹書紀秊晉定公二十八秊湡絕于舊衛古湡殆不可考矣按說

泜　洨　湨

文已存兩說

泜直尼切說文曰水出常山入河漢韓信斬成安君泜水上即此水也

洨胡交切漢志水出常山石邑井陘山今眞定井陘縣也南至廮陶今趙州寍晉縣入泜顔師古音效又水出沛郡洨縣入淮師古音爻

湨古闃切春秋諸侯會于湨梁杜氏曰水

江　漢

出河南軹縣今孟州湨原縣也東南至温入亏河○自湨而上皆水之入亏河者也

江古降切禹貢岷山道江岷山綿亙千里自今茂州東距峽州江出茂州汶山縣徼外歷梁益荊楊至今通州江陰軍入亏海

漢呼旰切禹曰羕出嶓冢東流爲漢說見羕下

漢羕凡三原一在興州三泉縣東一在興

元褒西縣西一在興元褒城縣北皆合亏興元南鄭縣之南東至漢陽軍鄂州入江與難同聲江陵項氏曰自梁山至荆山行數千里凡山南之衆川皆入亏江山北之衆川皆入亏漢說文曰難省聲𤅩古文徐鉉曰从難省聲當作堇而肯後相承去土从大疑兼从古文省又天河亦謂之漢詩云維天有漢

沔

沔彌沇切禹貢梁州之貢浮亏潛逾亏沔

淯

小日九九

孔氏曰始出嶓冢爲羕漢上爲沔漢志沔出武都沮縣東狼谷至沙羨南入江新安程氏曰水經敘漢自西樂城以上爲沔度水口而下爲漢後人以南陽之水爲沔非也舅氏曰嶓冢道羕西流南流者爲沔東流者爲漢按漢武帝嘗有上書言从南陽入褒可漕此舩南陽之沔與又詩云沔彼流水朝宗于海毛氏曰水流滿也

淯融六切漢志水出弘農盧氏南至順南入沔一說出酇縣西北南入漢淯陽縣蓋在水北

淯　溳

淯忍止切漢志水出弘農盧氏東南至魯陽入沔

溳亏倫切又上聲說文曰水出南陽蔡陽東令隨州之棗陽也入夏水夏入沔

溠側嫁切職方氏曰豫州之浸波溠傳曰楚子伐隨除道梁溠說文曰水在漢南杜元凱曰在義陽厥縣西東南令隨州唐城縣也東入鄖水鄖即溳也按西魏嘗𠚤丁溠名其縣鄭康成謂

沱

溠當蜀荆州益豫州之境南至荆山之陰溠乃在荆南也

沱 徒河切江之別流也禹貢於梁州言岷嶓既蓺沱潛既道於荆州又曰沱潛既道浮于江沱潛漢又曰岷山道江東別爲沱水經曰江水自天彭闕東逕汶闕氏道縣北東別爲沱漢志蜀郡郫縣禹貢沱江在西東入江蜀郡汶江縣沱江在西南東入江杜佑通典曰沱在涿陽郡唐昌縣鼂氏曰今永康軍導江縣西北二十里有沱江漢志水經所志之沱其原岷江是也自導

江東南流至彭州永昌縣西六里爲都江者杜佑所志之沱也自都江至天勑山分而爲二一名湔水自天勑山東流十有五里曼合亏都江一名廣潨江自天勑山東流至彭州九隴縣曼合亏都江自永昌之都江東南流至成都府郫縣北二十五里爲郫江者漢志所謂禹貢沱江者也梓潼張氏曰凡梁之山多皆曰岷又皆曰嶓出於岷者皆爲江江之別皆爲沱出於嶓者皆爲漢漢之別皆爲潛凡此皆梁州之沱也漢志又曰沱出南郡枝江縣西東入江鄭康成曰華容有夏水首出於江尾入亏沔所謂沱也葢㠯此爲荊州之沱建安蔡氏曰南郡枝江縣有沱水入亏江非出於

大四十五　周

瀘　潼

江也按沱名不一其說亦不一詩云江有汜江有渚江有沱沱與汜渚皆爲通名非有定処也夊川之合亏江者多矣合亏江者不旻謂之沱禹貢明言江東別爲沱當吕凡自江而別者皆爲沱　又滂沱水迸下梁荊之沱特其大者尒也别作沲詩云月離亏畢俾滂沱矣易曰出涕沱若

瀘洛乎切類篇曰水出牂柯又見沱下

潼辻紅切漢志水出廣漢梓潼令梓州郪

涪　涐

洪縣南入墊江墊江入于漢又潼關在今華州華陰縣酈道元云河水南流潼激關山因謂之潼關昌容切或曰水壞道也又他東切瀧潼沾溼皃也

涪縛牟切漢志水出廣漢剛氐道徼外今龍州江油縣南至墊江入漢

涐耦和切說文曰水出汶江縣徼外東南

瀸　澧

入江

瀸祖才切漢志水出蜀郡汝江縣徼外南至南安東入江

澧盧啟切禹貢岷山道江東別爲沱又東至于澧漢志水出武陵充縣東至下雋入沅舅氏曰澧出夔州徼外業州梓薑縣東過湖北徼外溪州入澧州常悳府至岳州

孱容縣入亐洞逄漢書楚辭皆作醴說文曰水出南陽雉縣衡山漢志曰東至鄧入汝葢又一灃也

湘

湘息良切漢志水出零陵陽海山今全州清湘灌陽二縣也北至酃入江按今湘水實入亐洞逄洞逄入江又詩云亐㠯湘之維錡及釜毛氏曰亯也

大、九十

瀟

瀟相邀切水出九疑山至永州合亐湘

汨　沅　涯

汨莫貿切漢𡵓水出豫章艾縣今潭州艾縣桓山西流入湘沿汨之西北至羅縣曰汨羅古縣三十里屈原所沈也因号屈潭

沅愚袁切說文曰水出牂柯故且蘭今夔州遵義軍漢𡵓東南至益陽入江按今實入亐洞庭

涯厷王切說文曰水出桂陽縣盧聚山涯浦關爲桂水漢𡵓水

出桂陽含滙縣東北入沅

潙

潙居爲切又薳支切輿地記在潭州長沙縣寍鄉縣

灊

灊昨鹽切又市淫呂侵二切說文曰水出巴郡宕渠西南入江又灊江有灊縣沘水出焉

溧

溧力質切說文曰水出丹陽溧陽縣應劭

淦　洈　淮

曰溧水出南湖今建康溧陽縣北入于江

淦古暗切漢志水出豫章新淦今臨江軍縣入湖漢

洈過委切漢志水出南郡高成縣洈山東入繇繇入于江○自是而上皆水之逹于江者也

淮胡乖切禹貢曰道淮自桐柏東會于泗

沂東入亏海漢岧南陽郡亏氏今唐州泌陽縣桐柏大戞山淮水所出水經曰淮水出南陽亏氏縣胎簪山東北過桐柏山今唐州桐柏縣徐鍇曰淮原初涌出戞潛流三十里然後長騖東北經大戞山也　㽕曰淮自泌陽過信陽軍光蔡潁耋晝安豐濠盱眙泗至楚州之鹽城縣北入海

汝

洓而渚切說文水出弘農盧氏還歸山東入淮漢岧出汝南定陵縣高陵

泜

山東南至新蔡入淮應劭曰出弘農入淮水經曰出河南梁縣勉鄉西天息山鄤道元曰出魯陽縣大盂山梁縣今汝州梁縣也嘗名汝原魯陽今汝州魯山縣也

泜直几切漢志水出南陽魯陽縣魯山說文作堯山南經昆陽城東北至潁陽定陵入汝左氏傳晉陽處父侵蔡楚子上救之與晉師夾泜而軍說文作滍光武敗王莽兵於昆陽大雨滍川盛溢

瀙　灈　潁

瀙七各切漢志水出南陽舞陰中陰山說文作中陽今唐州泌陽縣東至蔡入汝

灈其俱切漢志水出汝南吳房縣今蔡州遂平縣也東入瀙

潁与頃切職方氏曰荊州之㴸潁湛漢志水出潁川陽城縣陽乾山今河南登封縣也東至下蔡今壽州縣入淮

大二、十四

洧　潧　濦

佐十字

洧榮美切漢志水出潁川陽城山今登封縣南至長平今陳州西華縣入潁

潧咨騰切又側詵切說文曰水出鄭國水經出鄭縣今鄭州密縣西北雞絡塢南入于洧按詩作溱說文曰溱水出桂陽臨武入匯漢志單作秦詩云室家溱溱毛氏曰眾也

濦於謹切說文曰水出潁川陽城少室今

登封縣東至今陳州商水縣入潁漢有濦強縣亦作溵濦

潩

潩弋即切漢志水出河南密縣大隗山南至臨潁入潁說文作瀷

泗

泗息利切漢志水出濟陰乘氏縣東南至睢陵入淮圖經兖州泗水縣陪尾山在縣東五十里泗水出焉睢陵在今淮陽軍下

沂

邳縣或曰陪尾山有四原合而爲泗因以爲名按泗本爲涕泗之泗用以名水以其爲名川沂洙沭漷沶所歸故別于此詩云涕泗滂沱毛氏曰自目曰涕自鼻曰泗

沂魚斤魚衣二切職方氏曰青州之浸沂沭漢志水出泰山蓋縣臨樂山南至下邳入于泗說文曰出東海費縣東西入泗酈

道元曰臨樂山有二原南原俗謂柞泉北原曰負窮俱東南流合成一川舅曰臨樂山陽在沂州沂水縣陰在沂州新泰縣沂水自沂水縣西南過臨沂縣之東承縣之西淮陽軍下邳縣入泗曾氏曰徐州之水以沂名者非一酈道元謂一出尼丘西北徑魯之雩門一出太山武陽之冠石山水以沂名者三惟出太山者爲大焉

洙　沭　漷

洙市朱切漢志水出太山蓋縣臨樂山令
沂水縣西北入泗漢志曰入池水杜預曰入沇下合亏泗
沭食聿切漢志術水出琅邪東莞令沂州
沂水縣南至下邳入亏泗顏師古曰術即
沭也
漷苦郭切又虎獲切春秋魯取邾田自漷水杜
氏曰水出東海合鄉縣西南經魯國至高

亏湖陸縣入泗

汴

汴皮變切又作汳漢志卞水馮池皆在滎陽縣西南有狼湯渠首受沛東南至陳入潁又陳留魯渠首受狼湯渠東至陽夏入渦渠浚儀睢水首受狼湯水東至取慮入泗淮陽扶溝渦水首受狼湯渠東至向入淮又溝洫志曰滎陽下引河東南爲鴻溝已通宋鄭陳蔡曹衛與濟汝淮泗會說文曰汳水受陳留浚儀侌溝至蒙爲雝水東入泗徐鉉曰汳今作汴輿地記曰汴河在開封古莨蕩渠也首受黃河水隋煬帝浚之已通江淮兼引汴水亦曰通濟渠汴水白唐末潰決周世宗二季命武

行悳因故堤疏道東至泗上四季又疏汴水入五丈河五季又浚汴口道河流達亐淮六季又道汴水入亐蔡水㠯通陳潁之漕浚五丈渠東過梁山泊㠯通青鄆之漕宋元豐中又道洛通汴謂之清汴

濄

濄古禾切說文曰水受淮陽扶溝狼湯渠東入淮

潓

潓胡桂切說文曰水出廬江入淮

沘

沘頻脂切又補美切漢志曰廬江灊縣沘山沘

水出馬北至者䖍昏入芍陂又漢臺伯外與甄邑梁竝賜戰

沘水函注在今唐州沘陽縣南盧江灊縣亦有沘水類篇曰水出盧江天柱山○

自昰而上皆水之達亐淮者也

漳

㵪諸良切禹貢曰覃懷厎績至亐衡漳職方氏兾州之川漳說文曰清漳出沾山大要谷漢志作大黽今亐定軍樂亐縣少山也濁漳出上黨長子縣鹿谷山水經鹿谷即發鳩山今潞

州長子縣東至鄴令相州臨漳縣鄴鎮也入清漳九域志冀州衡水縣長蘆河衡漳之故瀆也二漳本入亏河河南東徙漳遂專達亏海水經曰二漳合流同入亏海唐人亦言漳水專達亏海請已爲瀆蓋禹道河自降水大陸東北至亏碣石而入亏海自周定王五秊河徙砱磟漸與而東漢初漳猶入河河流曰東漳始入亏海又南方亦有漳傳曰江漢睢漳楚之望也漢志水出南郡臨沮縣荆山令襄州南

洹　洓

漳縣東至江陵入陽水陽水入沔

洹戶千切又羽元切傳曰涉洹之水說文曰水在齊魯之閒杜氏曰水出汲郡林慮縣令相州林慮縣東北至信成入張甲河漢志曰張甲河首受屯氏別河東北至脩入漳

洓洛京切職方氏并州之浸洓易漢志水出代郡廣昌南至容城令雄州縣入河河

洺

流旣東今入于海

洺彌并切水出磁州今洺州永年古巨鹿也縣東南二十里洺漳合流

滱

滱可候切漢志水出代郡說文作北地靈丘今蔚州縣東至文安今霸州縣入河徐鍇曰職方氏所謂漚夷也今入于海

淄

淄莊持切職方氏幽州之浸菑昔漢志亦

作淄水出夳山萊蕪縣原山東至博昌今青州壽光縣入泲舅曰按淄今出淄州淄川縣東南七十里原山東北至青州入于海

濰

濰㠯追切漢志單作維水郎邪其縣東北維山今密州莒縣也北至都昌今濰州昌邑縣西入海

大司七十九

明

涾　沇

涾阮孤切漢志水出郎邪靈門壺山東北入淮今道州亦有涾溪

沇㠯轉切又作兗或作沿禹貢曰道沇水東流爲泲入于河溢于滎東出于陶丘北又東至于菏又東北會于汶又東北入于海漢志水出河東郡垣縣王屋山東南今絳州垣曲縣也蔡氏曰地志云沇發原王屋山頂厓下曰沇水既見而伏東出於今

孟州㴲原縣二原東原周迴七百步其深不測西原周迴六百八十五步其深一丈合流至溫縣是爲㴲水歷虒公臺西南入于河溢滿而出河之南爲滎滎郎滎波之滎又東出於陶丘北在今廣㴲軍西定陶縣又東至于菏菏郎菏澤謂之至者㴲陰縣自有菏辰㴲流至其地尓又東北至于東平府壽張縣安民亭合汶水至今青州博興縣入海唐李賢謂㴲自鄭吕東出滑曹鄆㴲坐青吕入于海宋樂史謂今東平㴲南淄川北海界中有水流入海謂之清河酈道元謂㴲水當王莽之世川瀆枯竭其後水流逕通津渠勢改尋梁𣲖水不與昔同然則滎澤㴲河雖枯而㴲水未嘗絕

流也程氏曰滎水之爲泲本無他義泲之
入河適會河滿溢出南厈溢出者非泲水
因泲而溢故禹還以元名命之按程氏言
溢之一字固爲有理然出於河南者既非
泲水則禹不應以河交流而冒稱爲泲葢
溢者指滎而言非指河也且河濁而滎清
則滎之水非河之溢明矣況經所書單立
道沇條俶若斷若續而實有原流或見或
伏而衇絡可考先儒皆以泲水性下勁疾
故能入河穴地流注顯伏南豐曾氏云泰
山之北與亝之東南諸谷之水西北匯于
黑水之灣又西北匯于柏厓之灣而至于
渴馬之厓水之來也衆其北折而西也悍
疾尤甚及至于厓下則泊然而止自厓以

北至于歷城之西蓋五十里而有泉湧出高或至數尺其旁之人名之曰趵突之泉齊人皆謂嘗有弃糠於黑水之灣者而見之於此蓋泉自渴馬之厓潛流地中而至此復出也其注而北則謂之濼水達于清河以入于海舟之通於濟者皆於是乎達也齊多甘泉其顯名者十數而色味皆同以余驗之蓋皆濼水之旁出者也然則水之伏流地中固多有之奚獨於滎澤疑哉吳興沈氏亦言古說濟水伏流地中今歷下凡發地皆是流水世謂濟水經過其下東阿亦濟所經取其井水煑膠謂之阿膠用攪濁水則清人服之下鬲疏痰蓋其水性趨下清而重故也濟水伏流絕河乃物

性之常事理之著者程氏非之顧弗深攷百程氏曰今古所稱南北清河皆古濟流也𠂢陶丘已東與菏會而遂分𠂢會泗已注淮者濟之至菏而分者也東北兼汶與之同入于海者濟之正𠂢也易氏曰濟行乎原其地嘗削故輿迹不常而濟與河適又易相襍今濁河已行南濟而北濟今自青州博興縣一百七十里至濱州勃海縣入海增多漢一百七十里矣則禹迹宜不可考

滎

滎戶扃切職方氏豫州之川滎雒說文曰絕小水也晉地道志曰濟自大伾入與河水鬭南泆爲滎澤水經曰濟東徑敖山北又東合

滎瀆酈道元曰泲水東逕滎澤北故滎水所都也京相璠曰滎澤在滎陽縣東南與泲隧合出河之泲卽陰溝之上原也鄭康成曰令塞爲亏地滎陽民猶謂其処爲滎澤在其縣東鄭州圖經滎澤縣敖山在縣北滎澤在縣北三里酈道元水經注曰泲水於此又兼邲目旾秋宣公十三秊晉楚戰亏邲卽是水也音卞京相璠曰在敖北泲自敖山北溢爲滎瀦而後法遂爲汳水卽禹貢道泲所謂東出亏陶丘北而漢書地理志所謂狼湯渠首受泲東南至陳入潁過郡四行七百八十里者是也後世滎旣不豬又汳在戰國謂之鴻溝司馬遷史記謂之滎陽灉渠漢書謂之狼湯渠漢建

大五

武中張氾修之謂之濟渠永平中王吴治之謂之浚儀渠酈道元謂之陰溝故名實遂不可考按滎澤之迹於今已不可考滎之爲小水他亦無所見別作瀯瀠瀅濚濙

菏

菏古俄切 說文曰菏澤水出山陽湖陵地里志作荷在濟陰郡定陶縣東今興仁府濟陰縣南三里其地有菏山故名其澤爲菏澤也蓋濟水所經水經謂南濟東過冤朐縣南又東過定陶縣菏水出焉是謂菏澤唐元和郡縣志曹州濟陰東九十里故定陶東北有禹貢菏澤曹州圖志濟陰南三里有菏水俗謂五丈河今名廣濟河即禹貢菏澤

汶　濼

汶亾運切又平聲說文曰水出琅邪朱虛東泰山東入濰桑欽說汶出萊蕪西南入泲在今東平府中都縣顏師古曰漢志兼錄桑氏之說或者有二汶乎按輿地記沇州萊蕪縣原山淄汶二水出焉淄水東北流至千乘入海汶水西南流至中都入大野陂大野在今濟州巨野縣巨野濟之所豬也按禹貢濟水東北會亐汶汶盖入亐濟也屈原曰安能以身之察察受物之汶汶

汶汶混濁無分曉之狀

濼盧谷切又郎狄切春秋魯會齊侯亐濼杜氏曰水

在濟南歷城縣西北今亝州縣也入濟說又見沇濟下

澠

𤁶食陵切傳曰有酒如澠杜氏曰水出亝國臨淄縣北入當水又彌沇切秦趙會澠池漢志弘農黽池縣單作黽今河南府澠池縣

灅

灅力追切說文曰水出雁門陰館累頭山東入海漢志作治說文亦曰或云治水也按說文又曰治水出東

萊曲城縣𠆤山南入海

濕

濕他合切說文曰水出東郡東𢀛陽今開悳㡇𩉊城縣也東北至千乘令青州縣入海漢𢆯作漯按禹貢浮于濟漯達于河孟子曰瀹濟漯而注諸海是也累於他合之音不龤葢濕之譌爲累也

灅

灅力軌切漢𢆯水出又北至俊靡南至無

允東入庚說文作出浚靡東南入庚

浿

浿普拜切說文曰水出樂浪鏤方東入海漢志曰出浿水縣西至增池入海

泒

泒古胡切說文曰水起鴈門葰人戍夫山東北入海

浙

浙之削切水出今徽州黟縣過嚴越杭入亏海又通作制亦作淛

湡　濡　滇

湡五俱切又音耦說文曰水出趙國西山東北入寖寖出魏郡武安東北入虖沱水虖沱入于海

濡辛茲切說文曰水出趙國東入湡○凡江河淮沇漳濰淄濕淶滱澴浿泒漸皆專達于海者也

滇陟盈切說文曰水出南海龍川西入溱

今英州有湞陽縣避廟諱改爲眞陽溱水
入鬱說文曰入匯鬱水出鬱林廣鬱縣入海

滇

小六十

滇亭年切又的煙切漢志水在益州滇池縣西
北大澤曰滇池原廣末更陿侶並流故謂
之滇又汝南滇陽縣應劭曰滇水出縣東北入淮之人切今爲蔡州眞陽縣闕駰曰永平二年失印更刻誤以水爲心今猶有眞㞢

濮

濮博木切書曰微盧彭濮孔氏曰濮在江

澶

漢之南𣆪秋有百濮又說文曰水出東郡濮陽今爲濮州臨濮縣南入巨野水經曰瓠子河出濮陽縣北河東北過㐭丘縣爲濮水輿地記今興仁府南華縣有濮水唐吕莊周所釣改名南華

澶市連切說文曰澶淵也在宋杜氏曰在頓丘縣南今名繁汙音紆衛地也又水靜皃

大 九三

六書故六 三十三

𣶓𣹬漢潳滬澗

𣶓弄甫切類篇曰水在鄴

滁直魚切今淮西有滁州

漢母鄙切長安有漢陂

潳奴感切說文曰西河美稷杀東北水也

滬戾古切滬瀆在會稽山海經所稱玄滬水安也

澗古莧切小谿也又爲水名禹貢曰伊洛瀍澗既入亐河漢志澗出弘農新安縣東

溪　潬

南水經曰出白石山

溪苦兮切川之小者也泉出谷爲澗澗注溪溪注江河亦作谿

潬灘他干切爾雅曰沙出也江東呼水中沙堆爲潬今河陽縣南有潬城按越人㠯川流淺急處爲潬潬灘實一字說文曰灘水濡而乾也引詩灘其乾矣孫氏呼旰切太歲在申曰涒灘又蕩旱切

潭　湖　洐　汊

潭徒含切川流深匯為潭也說文曰水出武陵鐔成王山漢志曰東至阿林東入鬱林又夷鍼切又徒紺切

湖戶吳切水所鍾大浸也大者洞庭震澤彭蠡

洐古項切水之經流舟所道也又作港

汊楚嫁切支洐也

浦　瀫　溝

浦滂古切。詩云率彼淮浦。南人謂小川入于江瀕汐之所通者爲浦風土記曰大水有小口別通曰浦說文曰瀕也非

瀫徐吕切說文曰水浦也楚辭曰入瀫浦予邅回別作漵浮

溝古侯切。通水之道也。周官十夫有溝，溝廣深各三尺

渠 洫 瀆

渠 彊魚切溝之大者也說文曰渠省聲偺為謂人之辭與其聲義相通又詩云於我乎夏屋渠渠鄭氏曰猶勤勤也又與詎距通偺用猶豈也

洫 況逼切周官十里為成成閒有洫廣深皆八尺又作淢史記曰卑宮室致費於溝淢

瀆 迭谷切邑屋中水竇也說文曰溝也一曰邑中溝邑

池　沼　濠

屋之溝汚流之所出也故引之爲汚瀆煩瀆褻瀆之義焉與竇通別作讀豄隫贕嬻遺江河淮滙爲三瀆葢取其流通之義

𣲒直之切鑿地鍾水也俗多與沱亂說文無池字徐騎省謂當作沱非也僭爲䇲池之池䇲池進退先後也

𣶃之少切池也

𤅛胡高切城池也又濠水在鍾離別作壕

湫　泓　洼　潛

湫子由切小水水有窪深也又子了切卑溼也傳曰晏子之宅湫隘又曰壅閉湫底

泓烏弘切水深澄也濁爲洼清爲泓別作宖

洼烏瓜切深池也一曰洼池也一曰曲池也又烏窊烏畦二切又作漥溛說文曰清水也一曰窊也按窐窊洼實一字窊窊下也故爲洼池之窊通作洿汚

潛慈鹽切水潛行地下也引之則浸水而

潀　潯　涔

行者曰潛負潛在函同此義也引之爲沈

潛又水名禹貢曰浮亏江沱潛漢爾雅曰自江出爲沱自漢出爲潛新安程氏曰凡江漢下流皆沱潛不限一水詳見沱下

潀祖紅切詩云鳧鷖在潀毛氏曰水會也說文曰小水入大水曰潀或曰水之會也別作灇潨潈

潯徐林切說文曰旁深曰潯

涔徐心切小水也蹄涔蹄跡中潦也一曰池也

瀇 瀥 澇

又洿陽潴在郢中一曰瀆也

瀇乎光切傳曰瀇污行潦之水說文曰積水池也

又去聲染紙也

瀥盧皓切雨水所流也又與澇通用

澇郎到切雨水過多也又乎聲說文曰水出扶風鄠今京兆鄠縣北入渭相如賦佗

潦顏師古曰音牢

波　浪　濐

㴔博禾切水風蕩之則波

浪來碭切水激石遇風則浪浪跳波也又亏聲浪浪淋浪水迸下皃也又滄浪之水禹貢曰嶓冢道漾東流爲漢又東爲滄浪之水南入亏江漢出丹水自商州上雒東南五百七十里入漢爲滄浪水

濐达刀切洪波昏撞者爲濐別作濤

瀾　湍　瀑

小五土

瀾洛干切游波匔蒦者爲瀾孟子曰觀水有術必觀其瀾日月有明容光必照焉言觀其游波而可知其洪流也波之匔游爲瀾浪之怒撞爲湿俗言瀾翻是也說文曰大波爲瀾小波爲淪又爲汎瀾

湍他官切急流也

瀑弓沃切縣流也又弓到切說文曰疾雨也

瀦　渦　㶡　津

瀦陟魚切。水亭畜也。周官曰：瀦畜水。古單作豬。禹貢曰：滎波既豬。又曰：道菏澤被孟豬。孔氏曰：孟豬澤名。

渦烏禾切。水回旋也。又作涹。又古禾切。

㶡丁紺切。類篇：㶡，㶡水聲。

津將鄰切。水可度処也。又用爲津液之津，與盡通。別作濜、[舟隹]。

大百四五

汜　濱　頻　涘　滸

汜 詳里切詩云江有汜爾雅曰水決復入爲汜一曰窮瀆也說文汜說與爾雅同引詩江有汜又洍水也引詩江有洍分詩之一字而爲兩誤矣

濱 卑民切水邊也別作濵

頻 蒲賓切水厓也通作頻俗作瀕詩云池之竭矣不云自頻濱頻聲義相邇或曰實一字也

涘 牀史切說文曰水厓也

滸 呼古切水際也又作汻

漘　湄　濆　汭

漘常倫切水緣也詩云在河之漘別作浱漘

湄武悲切說文曰水艸之交爲湄通作麋傳曰孟諸之麋別作瀿瀿溦

濆筱云切詩云鋪敦淮濆毛氏曰厓也鄭氏曰大防也旾秋叔弓敗莒師于蚡泉公羊作濆濆泉者直泉也直泉者涌泉也穀梁作賁通作墳詩云遵彼汝墳毛氏曰大防也

汭而銳切書曰釐降二女于嬀汭又曰涇

屬渭汭（孔氏曰水北曰汭）曰會于渭汭又道河東過洛汭（孔氏曰洛入河処）又五子之歌太康畋于有洛之表厥弟御其母傒于洛汭（孔氏曰洛表水南也）職方氏雝州之川涇汭（鄭氏曰汭在豳地詩云汭垸之卽）傳曰會于漢汭（杜氏曰汭也）又曰敗戎于渭汭（杜氏曰水之隈曲曰汭說文曰水相入曰汭从内内亦聲按汭一字而說不勝其異說文水相入之說於涇屬渭汭爲不通鄭氏於職方氏㠯汭爲水名引詩汭垸）

澨

之即按今詩乃作芮鞫毛氏曰芮水此也鄭氏曰芮之言內也陸氏曰芮涇作汭水之外曰鞫其說又自相矛盾漢志芮水出又扶風汧縣西北東入涇詩芮阮雝州川也今隴州汧原縣弦蒲藪有芮水焉涇水自汧而東屬於渭之北故曰涇屬渭汭猶言洛汭漢汭也職方氏雝州之汭則自爲水名詩所謂芮鞫漢志所謂芮水者此也通亦作汭尒芮水入涇涇乃屬於渭說者㠯爲二水誤矣杜氏水內與隈曲之說最近之自冀州言之則洛南爲表洛北爲內孔氏所㠯謂汭爲水北此其通義也

大七九 澨音制切禹貢曰過三澨至于大別說文曰埤

小二乙三十五

沚　渚　汀

增水邊土人所止者

沚諸市切詩云亏沼亏沚又曰宛在水中

沚爾雅曰小渚曰沚別作洔[illegible]溡非

渚章与切詩云江有渚江有沱江有汜又曰魚潛在囦或在亏渚㠯沱與汜側之且曰魚在亏渚渚非州也

爾雅曰小州曰渚又作陼非

汀他丁切說文曰平也別作[illegible]渟

漠　泫　湆　涿

漠末各切說文曰北方流沙也北方流沙廣莫之地謂之漠又漠漠煙雨霏微之皃遠望眇茫之皃

泫胡畎切水澤濡始流也

湆都歷切水初下點湆也又丁計切餘瀝衆欲湆也

涿竹角湆角二切[illegible]湆也又直角切上谷

滀 涓 注 淺

有涿郡奇字作⿰日乙應劭曰涿水出上谷涿鹿縣

滀側洽切水湆不絕也

涓古玄切小流也

注之戍切流所專寫也說文曰灌也灌廣而注專按引之爲注叚爲注意之注蟲⿰虫祭傳注謂之注⿰歹矣俗作⿰歹主說經者注於下方因謂之注別作註

淺七衍切義不待訓又𠬝歬切水流淺淺

滐　添　滿　淫

也亦作濺濺

滐式箴切義不待訓滐蒲蒲本在水中者也別作滐又去聲度滐爲滐

添他兼切水增也

滿莫旱切水盈也

淫余箴切水過其防也引之則凡淫溢過度皆曰淫別作婬又呂贍切邑東有淫預堆

溢　濫

小大十四

亦作灩

溢夷質切水滿溢出也亦作泆書云淫泆亏非彝說文曰水所蕩泆也

濫盧闞切水汎濫旁漫也引之則凡濫及者皆曰濫僭濫淫濫濫是也別作嚂說文曰嚂過差也內則㱃有漿水醷濫康成曰㠯桃梅諸和水也㠯周禮六㱃校之則濫涼也紀莒閒名諸爲濫又魯敢切水淹濡也說文水濡上乃

漲　瀰　漫

下也亦作漤又去聲濆果菜也別作濫藍說文藍瓜菹也

漲知亮切水張也本作張說具張下別作涱

瀰民卑切彌滿也古單作彌又彌尒切詩云有瀰濟盈又曰河水瀰瀰別作瀰

漫莫官莫毋二切水彌漫無有州渚也又引其義與縵通用泉貝之會無文因謂之漫

汪　漾　浩　洪

汪汪烏光切水深廣也晉語曰汪是土也又池也傳曰尸諸周氏之汪又去聲水停敗也別作瀇

漾漾余章切水盈長也漢志漾水出巴郡臨朐石膏山東北至廣饒入巨定

浩浩胡老切水盛大也又作灝

洪洪戶工切水張盛也古借用降字書曰降

溔　滋

洚水徼予別作洚孟子曰書云洚水警予洚水者洪水也按洚洪實一字孟子咎已誤讀爲二字矣又作泋非禹貢河自大伾北過降水漢志亦作降或書作洚說者謂水在信都今冀州信都縣有枯降渠

溔弋少切子虛賦浩溔潢漾鄭氏曰水無際皃也

滋謨郎切淼滋無際也引之爲惝罔滋昧冥滋混滋之義與亾同意亦作汒亦通作芒孟子曰芒芒然歸

滉 蕩 溥 泱

滉戶廣切水盛滿滉瀁也或作瀇

蕩徒浪切水盛滿蕩瀁也引之爲蕩搖蕩磨淫蕩放蕩又爲蕩蕩廣大之象別作愓說文愓放也又作潒說文水潒瀁也讀若蕩又水名說文曰水出河内蕩陰東入黄澤

溥滂古切水偏滿也中庸曰溥博淵泉

泱於良切水長緩皃

洸　滔　瀲　湊　混

洸古黃切水盛王皃說文曰水涌光也

滔吐刀切滔滔長流㕁不反皃書云浩浩滔天詩云汶水滔滔又曰滔滔江漢

瀲力驗切瀲灩水盛滿光灩也

湊倉奏切眾流交會也

混胡本切說文曰豐流也又厺聲混合也引之爲混文混襍漢書及楚辭亦作棍

沌　渙　泮

小廿一

沌徒渾徒本二切水合流混沌也一說渾濁也又柱流切江夏江中夾也過九月則涸不可行舟晉鄖舒霤屯沌口在江陵之建寧鎮蕃沌自江陵分至鄂渚夏合于江

渙呼毌切水廣流㵐也易曰風行水上渙又曰渙汗其大号說文曰流㵐也又号聲

泮普半切水流判㵐也詩云迨冰未泮言

冰解也（亦作泮从仌）魯有泮水作宮其上謂之泮宮詩云思樂泮水言采其芹（毛氏曰泮宮之水也禮器曰魯人將有事於上帝必先有事于頖宮說者謂頖郎泮王制曰天子曰辟雝諸矦曰頖宮鄭氏曰辟廱水旋丘如璧曰辟雝已節觀者使三方觀者均也泮之言半也東西門已南通水已北無水也又曰頖之言班也所已班政敎也又曰頖宮郊學也有事馬告后稷也朂氏曰頖宮之爲學豈已泮水之詩有曰匪怒伊敎者乎詩之所言若獻馘獻囚獻功獻琛不一其事何獨謂學乎且后稷之廣在郊學不識何義）

小三百六六

鄭氏傳會王制曲爲之說不足據也泮宮葢魯之離宮猶晉之銅鞮楚之章華也按魯作宮於泮水之上故号泮宮諸侯之國安見俱有之禮器獨言魯有事於頖宮明他國無有也有事於上帝必先有事於頖宮有事於河必先有事於呼沱有事於泰山必先有事於配林葢先輕後重所㠯習官有司於儀物也苟祀頖宮爲告后稷則祀呼沱祀配林者爲何所告乎毛氏猶未嘗有半水之說鄭氏旣㠯泮爲半又㠯頖爲班曲而不通甚矣辟雝之說九爲傳會舅氏辯之詳而明

瀚

瀚 戶旰切浩瀚也古單作汗類篇曰北海名按漢書登

臨翰海單作翰亦通作瀚

淪　漣

𣶒力遵切旋波也小曰淪大曰回詩云河水清且淪猗毛氏曰小風水成文轉如輪也說文曰小波爲淪物遇旋波則淪入焉故引之爲淪溺沈淪又魯本切混淪流轉皃

𣹅力延切水流連長也易曰泣血漣如詩曰泣涕漣漣又曰河水清且漣猗毛氏曰風行水

汩　泌

小六十三

成文曰漣又作漣

說文曰法涕也

汩古忽切水淪回而踴出者曰汩入者曰漫亦曰亝莊子曰與亝俱入與汩俱出引之則波流涌突不已爲汩汩爲汩亂書云鯀堙洪水汩陳其五行亦通作滑或作淈

泌兵媚切說文曰俠流也詩云泌之洋洋可已樂飢毛氏曰泉水也又瀎必切亦音必相如賦偪側

渢　溶　沄　沕

泌瀄

渢房戎切汎汎豐廣大之象也傳曰美哉渢渢乎

溶余封切水舒緩皃說文曰水盛也一曰安流也又上聲淮南子曰動溶無形之域

沄王分切水流如云行也又作澐

沕莫骨切又虙配莫佩二切水青黑假闇也又作潪說

涏　淠

文曰水青睘色賈誼賦曰汋穆亾間又曰汋囦潛

㠯自珍汩滑汋汩溋溜多紛亂

涏堂練切水光澤搖羕之象也漢書曰燕

燕尾涏涏

淠匹制匹箭二切波流演羕之皃詩云萑

葦淠淠又曰淠彼涇舟又曰其旂淠淠又

作濞滂濞水盛殯皃說文曰水暴至聲按淠濞實

一字

涌

涌余隴切泉水踊出也古通作踊漢志曰泉水踊出

滕

滕徒登切水騰踊也詩云百川沸騰引之則凡滕沸者皆曰滕易曰咸其輔頰舌滕口說也别作騰又俗為國邑之名

瀵

瀵步問替問二切水瀵踊上出也爾雅曰瀵大出

小六十八

尻下踈曰尻猶厎也言其原深大出於厎下河東汾陰縣有水口如車輪濆沸踊出其深無限名之爲瀵馮翊郃陽又有一又瀵相厺數里夾河河渚又一瀵皆潛通

作溢漢志曰河水溢溢溢又兮聲水名在尋陽

滮

滮筏彪皮休二切泉水皃也詩云滮池北流

滃

滃烏孔切泉出蓊然也古單作翁又與蓊

澒　洞

通用

澒胡孔胡貢二切又虍孔切水攻徹也說文曰丹沙以爲水銀也亦作汞按今吕汞爲水銀澒爲澒洞

洞徒弄切洞徹也引之爲空洞爲洞穴與迵通倉公曰迵風者㱃食下嗌輒出不畱眡徹衣裏者謂之洞眡別作胴僭爲洞洞屬

大日七五

洶　沸　涫　潏

蜀之洞

洶許拱切水聲勢盛疾匈匈也古單作匈

兇

沸方未切水滕沸也鼎鑊之沸亦作[illegible]

涫古丸切酒泉有樂涫縣又古滿切又古

本切沸而旋衮也湯之沸是亦曰涫別作滚

潏古穴切水蕩潏也漢志水名出鄠縣北

湃　濊　瀺

過上林苑入渭許叔重云潏水在京兆杜陵卽今沈水从皇子陂流經昆明池入渭

湃怖拜切滂湃澎湃水相蕩聲也

濊呼括呼外二切水流聲濊濊也詩云施罛濊濊言罛激流有聲也別作濊又烏外烏廢二切汪濊深廣皃也

瀺士咸切瀺灂水滕沸皃

日三十四

王

瀫　汕　涽

瀫士角切瀺瀫也又子召切類篇从公冰削文也考工記曰良輈環瀫鄭司農曰讀如醆酒之醆謂衺圻垺如環也

汕所諫切汕汕水瀺瀫皃詩云烝然汕汕毛鄭呂爲撈罟非也罩罩汕汕疊語形容之辭非物也說文魚游水皃亦緣詩立義

涽戶括切水流轉涽動也引之爲生涽詩云河水洋洋北流涽涽毛氏曰流也陸氏古闊切非聒聒水聲不可言河流又作㶁

激　淢　潅　濔

激古歷切水爲風與石所薄也又吉弔切

激許也别作譤

淢越逼切說文曰疾流也又作㱦說文曰水流疾㱦㱦也詩云築城伊淢毛氏曰成溝也

潅七罪切詩云有潅者淵萑葦淠淠毛氏曰深皃按萑葦所生不足爲深

濔奴禮切詩云垂轡濔濔說文曰滿也毛氏曰衆也按詩

佐九十八

滂 沛

言三驪涇涇不過一乘之轡安是爲衆瀰流之舒長也轡之柔如之故㠯狀馬偉華忡忡亦此意也

滂普郎切雨水逬下也滂沛水逬下盛皃也滂沱雨潦逬下也

沛普蓋切水盛皃也又作霈又爲沛澤孟子曰園囿污池沛澤多而禽獸至類篇曰艸生水爲沛

又偝爲顛沛之沛跋頓也北昧切又作迷說文曰

潺　湲　㶁　淙　泬

肯頓也又作蹎說文曰步行獵跋也

潺　昨閑切潺潺水流寫聲也

湲　胡關王權二切潺湲水聲也

㶁　霍虢霍亦二切㶁㶁水聲也

淙　鉏弓楚宗士江三切飛流也說文曰水聲也又作漴類篇曰雨急謂之漴又士巷切水衝泆也

泬　呼穴呼域二切說文曰水从孔中出又爲泬寥楚

漐 湁

佐、七十

辭曰泬寥兮天高而气清

漐子集切漐漐小雨不輟也醫書言漐漐

汗出亦此義也湁丑入切汗儵出也又作瀿霵

又聲相近者有湁潗湒霵霫雭漝雵子入阻七入丑入侶入仕戢是汁色七失入

直七凡數音相如賊湁潗鼎沸鄗璞曰水微轉細涌皃說文曰湒雨下也一曰沸踊

皃濈和也湁湒沸也蓋郎呂湒為潗孫愐曰漐汗出皃霵水溼湒雨皃霵雨下又暴

雨雵霫大雨也潗泉出漝水皃雭小雨聲按諸書一義而有數字一字而有數音紛

肰糅襍實皆無用凡彤容之辭多用雙聲疊字率不過假借滑之爲小沸但當借用戢字直立切之爲雨者但當借用蟄字其餘皆可廢

湑

湑 寫与切水濃厚欲流未流皃詩云零露湑兮毛氏曰湑湑肰蕭上露皃酒之濃厚者因謂之湑詩云有酒湑我毛氏曰㠯匡曰釃㠯藪曰湑又曰莤之也鄭氏曰沛莤之又曰爾酒既湑鄭氏曰酒之沛者也毛鄭之說皆非俗作醑

潸

潸 師姦切小流迸出皃又去聲詩云潸焉出

大、十四

汍　溥　瀼　渰

涕

胡官切說文新附曰泣淚皃

徒官切又豎兗切雨澤稠厚不流皃詩云零露溥兮毛氏曰溥溥然盛多也

如陽切雨露蕃皃詩云零露瀼瀼毛氏曰露蕃皃又曰盛皃

衣檢切雨气合皃詩云有渰萋萋

濛　瀌　湝　涖

濛謨逢切細雨冥冥皃詩云零雨其濛又鴻濛大水皃猶言鴻茫也

瀌悲驕筱驕二切雨水迸下皃詩云雨雪瀌瀌

湝居諧切詩云淮水湝湝毛氏曰猶湯湯也

涖力至切相如賦曰踰波趨浥涖涖下瀨鄭璞曰聲也顏師古曰疾流也借為臨涖之涖見隸下

大六五

澍　瀧　濺　氿

澍殊遇切旹雨也又朱戍切說文曰旹雨澍生萬物

瀧盧東切說文曰雨瀧瀧皃又瀧涷沾溼也又蒦江切奔湍也又疎江切領南水名

涷都籠切楚辭曰使涷雨兮灑塵爾雅曰暴雨謂之涷鄭氏曰江東呂夏雨暴至爲涷說文曰水出發鳩山入于河

濺則旰切水激跳中人也亦作濽

氿居洧切詩云有洌氿泉無浸穫薪爾雅曰水

溟　清　潔　澄

醮曰氿毛氏曰側出曰氿說文曰水厓枯土也

溟莫狄切又弖聲說文曰溟溟小雨也按今呂溟溕爲煙雨霏微之狀又莊子有溟涬二字無義不錄

清七情切義不待訓

潔古屑切義不待訓

澄直陵切水清定也定厺泥滓因謂之澄

又作瀓

淨　洌　泠　泂　湛

小五十

淨才性切塵垢盡也古無此字或作瀞

洌良辥切清寒也

泠郎丁切清泠瀏利也故風之清者亦曰泠風又泠泠水聲也

泂畎迥切清烱也詩云泂酌彼行潦毛氏曰遠也又上聲

湛直減直監二切清湛也詩云湛湛露斯

又荆州之濅頴湛又都含切沈著也與眈通用別作妉媅又持林切與沈通用又叔廉切記曰湛熾必絜康成曰漬也又曰湛諸美酒

淳

淳殊倫切清壹也說文曰潒也別作𦎧沌酒不澆者爲醇義通又朱倫切記有淳熬淳母皆已膏沃醢加于黍稻上康成曰沃也考工記曰淳沃其帛又曰淳而漬之又主尹切周禮曰

淑瀏沖

同其度量壹其潷制杜子春曰潷當爲純純謂幅廣

淑殊六切清潷也

瀏力求切水流泠利也詩云瀏其清矣

沖直弓切泉水初出清而不盈之皃易曰山下出泉冡沖之象也故天子自稱曰沖書曰惟予沖人老氏曰大盈若沖又曰沖而用之或不盈故又爲沖澹沖虛沖融沖

澹　湜

和說文曰水涌搖也讀若動又作盅器虛也引老氏作盅而用之或作沖尤非或从攵俗為翰飛沖天之沖別作翀

澹辻濫切閒湜不波也說文曰水搖也別作惔憺亦通作淡又辻曰切魯有澹臺滅明又與贍通用

湜常職切說文曰水清見底也詩云涇以湑濁湜湜其沚鄭氏曰湜湜持正皃或曰湜濁皃

涼　滄

涼 吕張切水气清也旾温秋涼冬則寒矣傳曰尨涼冬殺金寒玦離此寒涼之分又曰絺多涼悳言其悳之寒涼也又曰作沽於涼其敝猶貪謂清涼也俗因有涼薄之稱訓涼爲薄薄者非又去聲詩云涼彼武王毛氏曰左也陸氏曰亦作諒力尚切

滄 千剛切水清涼也又滄浪水名又去聲

淒　況

亦作滄从仌說文曰寒也

淒千西切雨气悽清也淒滄寒涼之意亦作悽愴亦作淒

況詡放切水寒滄況也今作愴怳詩云況也永歎又曰僕夫況瘁皆淒滄意借義有三爲況予別作貺又爲加甚辭義與矧同又爲比況

漻　渫　滑　沍

漻力蕭切清空也莊周曰漻乎其清也又見寥下

渫私削切說文曰除去也易曰井渫不食王氏曰不亭汙也又呂制切記曰菑渫處末康成曰烝菑也又實洽切燖也

滑戶八切水流利也又古忽切與汩汩通用

沍胡故切水凝沍也傳曰固陰沍寒亦作

潤　濡　溼

㐹从欠

潤儒瞚切水气潤

濡儒朱切沾溼也水始濡而未流故引之爲濡滯孫氏曰洵趨切佪謂讀當如本音内則記食物有濡豚濡雞康成曰言之以汁和也陸氏曰音而按如陸氏音乃胹也

溼失入切土𣌭水而溼也从水土㬎省聲說文溼从水一所以𣌭也𣌭而有土故溼㬎省聲按㬎之出東郡者今書與孟子作

大曰廿二

漯詳見濕下从一之說曲而不通

泚　澤

泚千禮切濡澤也孟子曰其顙有泚說者曰流汗也詩云新臺有泚毛氏曰鮮明皃也按有泚猶言有涵濡澤狀也一曰清也

澤直格切雨露之濡爲澤易曰兑爲澤水鍾則澤物故流爲川止爲澤潤澤則兊悅故爲悅澤爲兊澤又逹各切

漸　沾

漸 ⿰丬又廉切水始漸漬也詩云漸車帷裳又水名說文曰出丹陽黟中東入海又濡染切水之漬物㠯漸而浹故爲馴漸漸次之義易曰其所由來者漸矣又⿰歹兵銜切漸漸流不絕皃也又與巉通詩云漸漸之石說文又有瀸字漬也爾雅泉一見一否爲瀸音同

沾 之廉切雨水沾灑也又作霑又蚩廉切

小四七

涵 濅

漢書魏其沾沾自喜耳張晏曰自整頓也師古曰沾沾輕薄也令俗言薄沾沾又他廉切說文曰水出壺關東入淇又都念切類篇曰水出上黨壺口關

涵胡南胡讒二切水函濅也別作浛淪

濅子鴆切漬浸也別作濅陂湖因謂之濅水之濅物濅濅而深故有漸義焉又水名說文曰出魏郡武安東北入呼沱

明

漬　淹　浥　洇

漬側刺切溥漫也說文曰漚也或作涑

淹衣廉切漬之久也引之爲淹久說文曰水出越嶲徼外東入若水又衣監切淹漫也又作腌說文曰漬肉也又作醃

浥乙及切浥浥微溼也詩云厭浥行露古單作邑又乙洽切

洇昵太切浥洇淹溼狀又昵洽切亦作潪

浞　洊　滋　渥

浞仕角切說文曰濡也

洊才甸切水再至也易曰水洊至習坎通作薦荐說文薦水至也讀若尊孫氏又在甸切

滋津之切水洊至滋益也故引之爲滋潤滋益又爲滋蔓傳曰拘漚菅者曰何故使吾水滋又見茲下

渥於角於谷二切澤優餘也

浹　洽　浮　汎

浹即劦切漸漬徧匝也引之則爲周浹亦借用挾字周禮曰挾日而斂之挾曰挾旬浹十日也浹辰浹十二辰也又作荅切通作帀

洽轄夾切衣裏透浹也

浮房尤切義不待訓

汎甫犯切水浮物也亦作泛汎又筏咸切

漂　泊

傳曰鄗在鄭地氾又方勇切水瀵溢也引之爲反覂漢書曰汎駕之馬顔師古曰覂也亦作覂

漂匹招切水漂流物也又匹妙切漢書曰漂母京之韋昭曰㠯水擊絮曰漂

泊白各切漂著也北人㠯止水爲泊有高雞泊白水泊楊柟泊因之爲止泊爲澹泊或曰澹泊爲義別作怕非

沈

沈持林切重則沈輕則浮又去聲沈之於水也又式荏切古爲國今爲姓傳曰管金天氏有裔子曰昧爲玄冥師沈姒蓐黃實守其祀瞖主汾而滅之周文王之子聃季封於沈在汝南平輿蔡滅之楚有沈尹戌

沈約合三水爲一非

滅

滅亡列切水盛滅滅漫州渚也別作㵟

漫 泯 決

漫莫勃切水深漫坻厈也引之凡泯漫者皆曰漫死曰亾漫別作歾圽㱢

泯武盡切泯合也泯滅聲義相通俗因㠯泯爲盡別作潣又平聲

決古穴切水夬發呂決呑也引之則凡剖決分決皆謂之決別作訣列子曰衛人有善數者臨死㠯訣喻其子

射者㠯象骨爲決著又拇所㠯鉤弦決

泄

兵亦謂之決詩曰決拾既佽內則作玦捍誤決吻謂鳥吻之深如決也決驟放步也決起奮飛也別讀作消惠鳥決呺決三切及作趉非

泄舒削切又作洩隄防不密水柭越也又呂制切泄泄舒徐也詩云雄雉于飛泄泄其羽雉不能輕毄其飛重遲也傳曰其樂也洩洩詩云天之方蹶無然泄泄皆言其

大日八十五

潰　滲　漉

容與也孟子曰泄泄猶沓沓也說者因謂多言爲泄別出詍呭二字非也

潰戶賄戶數二切隄防爲水所隤迸枚也又借義與遂通詩云是用不潰于成

滲所禁切水遇沙土滲漉也

漉盧谷切鬲也鬲漉聲義相通又與盝通瀝右水也瀝盝聲義同盝物於水因謂之

瀝 瀉 減 消

漉與摝通别作盪淥通作濼

瀝狼狄切水餘滴也瀝盡之也

瀉恩積切又七約切鹵水滲鑠也周禮曰鹹瀉用貆漢書亦單作舄

減古斬切水秏少也

消相幺切水鑠盡也冰之釋爲消金之釋火之息亦爲消后之能釋者亦爲消别作

澌　濇　澀　滯　沴

銷別作焇硝偕爲消搖之消別作逍遙徐鉉曰此二字字林所加

澌息移切水索也

濇殺側切水涸而澀也

澀色入切水澀也味之苦澀者因謂之澀

滯直例切水涸澀難行也又有懘字說具心部又作躓詳具足部

沴止忍切說文曰水不利也孫氏郎計切按今非郎計

沮

之聲類篇曰沴汈涇相著也因之為災沴

沮慈呂切水遇土沮縮也又叔豫切沮洳水所淹瀆也又千余切水名禹貢曰漆沮既从漢志北地直路縣沮水出焉東西入洛鼂氏曰在今坊州升平縣北子午領俗謂之子午水東流經宜君縣又東至中部縣正謂之沮水又東南至耀州同官縣與

原東南九十五里會亐漆又東南至永興軍櫟陽縣又東至同州白水縣北入洛名曰漆沮又漢志武都沮縣沮水出東狼谷南至沙羡入江荆州川也又子余切禹貢曰𡇒沮會同在冀州境今不知其処按水有𡇒且猶陽之有𡇒且也又壯所切沮陽縣在上谷

洳　汔　涸　溘　渴　澩

洳人庶切說文作⿰氵挐漸溼也

汔許訖切水幾盡也引之爲幾易曰汔至亦未繘井又曰小狐汔濟詩云汔可小康

涸下各切水乾竭也别作垎

溘口荅切忽盡也

渴苦葛切乾也引之爲飢渴之渴别作⿰氵歇又丘葢切

澩胡角切爾雅曰夏有水冬無水曰澩又作⿰氵澩又下巧切

濁 渾 污

濁直谷直角二切不清也漢志濁水出亝郡廣縣爲山東北至廣饒入巨定

渾户昆切稍濁也又上厺二聲與混通

污汪胡切穢濁也亦作洿又烏瓜切與洼通洿下也洿下故穢濁流之記曰污尊而抔飲孟子曰數罟不入洿池污物之污烏故切亦烏臥切别作涴

淦　沫　浼

淦 說文曰溺也唐韻凡三出其一式荏切二皆乃忝切記曰負鮪不淦 康成曰淦之言陷也陸音審

沫 莫貝切 說文曰洒面也孫氏荒内切非 楚辭曰芳菲菲而難虧兮芬至今猶未沫又易曰豐其沬曰中見沬 字林作昧曰斗杓後星也子夏傳曰星之小者也服氏曰日中而昏也辥氏曰輔星也

浼 毋罪切污也又美辨切詩云河水浼浼

淟　涊　渝　潓　涅

佐、七九

毛氏曰乎地也非

淟他典切涊尒軫切淟涊滋垢也涊亦作汈

渝容朱切水色變也易曰成有渝詩云敬天之渝說文曰變汚也一曰渝水出遼西東出塞

潓戶毋切漫潓昏渝也

涅乃結切說文曰黑土在水中也从水土曰聲語曰不曰白乎涅而不緇又水名漢志出上黨涅縣

滓　澱　垽　泥

滓阻史切泥垢沈著也說文曰澱也史記曰皭然泥而不滓

澱堂練切說文曰滓垽也又作淀澱

垽魚斤語靳一切水落而塗著爲垽

泥奴氐切水土也又作埿加土又奴禮切水土相拏稠濃也故凡稠濃著謂之泥詩云零露泥泥又去聲泥之爲物好濂著故濂著

大、九十五

塗

佐二十七

謂之泥易曰震遂泥語曰致遠恐泥
塗田吾切泥之稀者爲塗又作涂㠯稀泥
傅䕶因謂之塗書云惟其塗塈茨又曰惟
其塗丹雘又宅加切今人言塗抹東方朔
傳老柏塗與伊優亞狋吽牙合韻也師古曰丈
加切俗作搽又借爲道涂之涂周官洫上有涂
涂容乘車一軌別作途墿又水名說文曰水出

溋　渟　渮　漕　溓

益州牧靡南山西北入濉又水在堂邑又爲山名禹會諸侯於塗山別作嵞𡸁

溋橐定切泥滓也

渟奴教切滓溋也溋渟聲相通又尺約切

渮居何切廣雅曰漕渟也說文曰多汁也

漕辻郎切渮渟也

溓尼鹽切說文曰薄水也考工記曰雖有深泥弗

淤　治　浚

之溓也與黏通

淤衣據切泥滓塡淤也又乎聲淤泥也

治直之切理水也又東萊之曲城陽丘山

治水出焉南至沂入海水旻其理曰治直

吏切又湯來切漢志鴈門絫頭山治水出

焉東入海

浚須閏切疏滌川流使深通也與睿濬通

又祖峻切水名詩云孑孑干旄在浚之郊毛氏曰衛邑又浚儀在今開封祥符縣

瀹

瀹弋灼切疏瀹也孟子曰禹疏九河瀹濟漯而注諸海凡水瀹吞泥滓則行而清故亦曰瀹訓清又爓肉於湯亦謂之瀹別作⿲弓翟弓

汩

汩于聿切說文曰治水也又作𣶒說文曰水流也音同周語

沿　泝　游

曰決汩九川韋昭曰通也

沿余專切从流下也

泝蘇故切遡流而上也通作遡詩云遡回从之

游夷周切水行也詩云就其淺矣泳之游之引之爲敖游亦作遊別作遊汓說文游从㫃汓聲旌旗之流也汓浮行水上也从水从子古或㠯汓爲漫或作泅孫氏佀由切按泅卽游也游

从水栫聲
又作湔

漼　濟

𣶒羽兩羽況二切楊雄賦曰因江潭而漼記椉水而達之也

濟子側切度水也又㠯水益水為濟故傳有濟美濟惡相濟之言又子禮切濟濟整皃又泲水亦作濟禹貢曰道沇水東流為濟職方氏沇州之川河泲說文㠯泲為沇濟而濟為出常

漕　溺　測　汲

小五十四

山贊皇山東入泜詩云出宿于沛毛氏曰地名疑即浦蒭邑

漕在到切水運也說文曰水轉穀也又財勞切衛

邑名

溺乃歷切墮水也又作休說文曰溲也又奴弔切小

溲也亦作尿

測察色切度水淺深也

汲訖及切取水也

汋　灈　濺

汋職略切又實灼切說文曰激水聲穀梁氏曰葢汋之也公羊氏作酌

灈古玩切滿注也又水名說文曰水出廬江雩婁北入淮又僭爲灈木灈莽說具榆下

濺居代切澆灈也漢志曰涇水一石其泥數斗且濺且糞長我禾黍又滌也記曰器之濺者不寫詩云濺之釜鬵別作摡又漢志

大乙八十三

云

沃　澆　淋

溉水出北海桑犢縣覆甑山東北至都昌入海

沃烏酷切澆也僭爲肥沃別作渶

澆堅堯切上沃也又虛堯切澆也又作潒又倪弔切寥泥子澆

淋犁鍼切又良中切自上淋下也故爲淋瀝淋浪人病小便淋瀝不通者今謂之淋

澑　潑　灑　汛

古作瀝淋瀝實一聲也漢殤帝諱隆故改瀝爲淋改隆慮縣爲林慮

澑　呂㚇切淋澑也又作灕亦通爲淳醨之澑

潑　普括切揮沃也

灑　所下所解二切揮灑也涵灑多通用

汛　息晉切灑之細也凡掃者先汛灑汛灑聲相近

涓　濯　澣　洗　滌

涓子末切撇水也灑之粗也亦作濽

濯直覺切漱澣也

澣戶管戶毋二切濯衣也亦作浣又作[illegible]

洗小禮切滌也說文曰洒足也亦作洒古有罍洗㠯洗爵又蘇典切潔也書云自洗腆致用酒詩云新臺有洒

滌亭歷切洗盪也記曰帝牛必在滌三月言先三月卜牲牲吉而

滌　沘　漱

滌之三月肰後吕薦上帝也說者吕滌爲養牲宮類篇迭弔切非

滌子皓切潔洗也說文曰洒手也

沘他刀切滌也書云王乃沘類水馬氏曰沘髮也未必肰又水名說文曰水出隴西臨沘今沘州西傾山東北入河

漱先奏切捘洗也記曰諸母不漱裳又所救切含水捘滌齒頰也記曰咸盥漱說文又作

大司五四

伯大

小五四

涑澣也

湔 沐 浴 汏

湔子僊切小滌也又水名漢志水出蜀郡緜虒縣玉壘山東南至江陽入江說文一曰手澣也

沐莫卜切膏髮也

浴俞玉切澡身也

汏徒皆他蓋二切淅米盪汰沙礫所謂沙汏也又徒蓋切或曰浪淘沙土汏之本義

淘　淅　洴　澼

淘辻刀切淘去塵沙也淘米淘井皆謂之淘淘者淘汏之澄者澄定之所謂淘澄也

淅先的切淘米也孟子曰孔子去亝接淅而行

洴蒲兵披庚二切澼匹辟切洴澼漂也澼又作潎說文曰水中擊絮也又補蔑匹曳匹妙三切又澼腸閒水也說見僻下後人加疒爲癖

漚 濩 濾

漚於侯切漬之深也漊麻枲曰漚又烏矦切水上泡勃也亦通爲鷗鷺之漚

濩黃郭切詩云葛之覃兮是刈是濩漚治也毛氏曰鬻之也韓氏曰瀹也說文曰雨流霤下又胡故切周官樂舞有大濩康成曰般樂也又希濩椒也蠖濩深邃也

濾良據切濾去滓也

沬　潠　湏　湢

沬子禮子賜二切歃酒醴取清也康成曰酒沬曰清不沬沬曰篘今俗呼側駕切亦作笮笫榨說具竹部又爲沇沛之沛子禮切見湆下

潠穌閟切又須絹所晏二切刷洗也別作潠刷

灡說文灡淅也

湏亾婢切周官大喪呂秬鬯湏杜子春曰湏讀爲泯呂秬鬯浴尸也

湢筆力切記曰外內不共湢浴康成曰湢浴室也

淬　湅

淬祖内取内二切爲刀劒者出火而淬之水則堅故引之爲淬黽亦作焠史記曰旻匕首已藥焠之說文曰滅火器也又即聿切

湅郎甸切湅絲帛與金也又作漱與練鍊通絲曰練金曰鍊水曰湅考工記曰㡆氏湅絲已涗水漚其絲七日晝暴諸日夜宿諸井七日七夜是謂水湅說文湅瀾也瀾淅也漱辟漱鐵也

準

𣶒

準之允切，呂水取平也。考工記曰：權之然後準之，準之然後量之。俗作准，或曰：寇公爲相，行文書者不敘成字，去其十則嫌於淮，故又改水爲冫。或曰：曾仲明云蔡京家諱也。項平甫曰：唐韻及顔氏干禄書已兹出準、准二字，呂准爲俗書。又鼻端爲準，假借也。

𣶒資良、資函二切，亦作脈，又作𧖴。酢𣶒也。今俗誤作蠤。

大日三二

湯

湯他郎切瀏水爲湯又他浪切㠯湯沃物也又尸羊切湯湯水流盛殡皃書云湯湯洪水又音蕩湯與蕩通詩云子之湯兮

温

温烏昆切水㬉也又作㬈史記曰曣瑥有黃雲水出犍爲涪南入黔水冬傷於寒春則病温别作瘟又於運切記曰柔色㠯温之康成曰藉也漢書曰少温藉

湆　汁　瀋　濃　淡

湆乞及切，肉汁也。昬禮曰：「大羹湆在爨。」康成曰：「羹，肉汁也。大古之羹無鹽菜，今文皆作汁，或作腤。」說文：「湆，幽溼也。」

汁之入切，湆也。

瀋昌稔、鴟禁二切。傳曰：「無備而官辦者，猶拾瀋也。」陸氏曰：「北土謂汁為瀋。」

濃尼容切，水味稠厚也。亦作醲。

淡徒濫切，水無味。

沽　泊

沽攻乎切粗薄也喪服疏衰冠布纓傳曰
冠者沽功也康成曰沽麤也沽功大功也又為買賣語
曰沽酒市脯不食又曰有美玉於斯求善
賈而沽諸又水名出漁陽塞外東入海
洎互至切說文曰灌釜也傳曰去其肉而吕其洎
饋陸氏曰肉汁也周官祀五帝小司寇實鑊水士
師洎鑊水康成曰謂增其沃汁

潘　泔　渜

潘孚袁鋪官二切淅米泔也又作[米番]又爲人姓說文曰一曰水名在河南滎陽漢志潘水出會稽蕭山東入海

泔沽三切潘也說文曰周謂潘曰泔又戶感切漢書曰秬鬯泔淡別作瀲

渜乃亂切士喪禮曰渜濯棄于坎康成曰沐浴餘潘水也古文作湪荊沔閒語說文曰洏洝也洝渜也渜湯也一曰洏煑孰也孫愐曰

漣洏涕流皃按洏之爲湯者湙之譌也其爲煑鬻者胹之譌也其爲漣洏者而之譌也漣而猶言漣如而語助也不當有洏字

涕淚洟泣

涕 他計切淚洟也

淚 力遂郎計二切目汁也

洟 延知切鼻液也記曰不敢唾洟

泣 乞及切聲淚俱下曰泣說文無聲出涕曰泣按書呱呱而泣詩其泣喤喤泣非無聲也大約悲者泣而哀者哭哭泣之聲則有細大之差焉

史記曰欲法爲其近婦人

涐

涐夷益切盡也又爲淫涐融涐灪涐記曰永歎之淫涐之考工記曰昔涐角則合陸氏音亦疊沈音釋按涐謂𤁗瀆瀊涐昔乞和可呂涐角音釋非又作洂

汗

汗侯旰切膚液也又爲渙汗浩汗易曰渙汗其大号亦作瀚又何干切匈奴君長自稱可汗

湩　沫　漦　泡

湩多貢切乳汁也又竹用切孫愐曰冬字上聲

沫莫葛切浮沫也又水名說文曰出蜀西徼外東南入江

漦陵之切精液也

泡披教切浮漚也呂湯沃物亦曰泡別作渀皮閒有水勃亦曰泡別作皰別作[illegible]疱又披交切泡泡流皃又水名說文曰出山陽平樂

東北入泗

油

油以周切，膏液也。油類滑，故引之，則出入進退順易者曰油油。肰以油塗物曰油，厺聲。又水名。說文曰：出武陵孱陵西，東南入江。

滫

滫思酒切。記曰：滫瀡以滑之。康成曰：秦人溲曰滫，齊人滑曰瀡也。又蹴鳩切。說文曰：久泔也。泔久則酢

故令人謂酓食之酟乞爲滫荀子曰芷漸之滫君子不近庶人弗服

瀡

瀡 選委切說具滫下

滖

滖 踈鳩切[忄叟]騅曰尿也晉語曰少滖亏豕牢說文曰滖沃也又所九切滖和也記曰髮糔滖之吕爲酏

湎

湎 彌沇切沈於酒也

涒　涗

涒倶倫切説文曰食已曼吐之類篇曰紑倫切涒鄰水流曲折皃又爲歲名史記歲在申爲涒灘

涗輸芮切周禮曰盎齊涗酌記曰明水涗齊貴新也凡涗新之也康成曰涗猶清也又曰醆酒涗于清汁獻涗于醆酒康成説涗沛也考工記曰已涗水漚其絲故書侂涫鄭司農曰涫温水也説文曰財温水也引考工記已涗水漚其絲

洵　沆　瀣　沙

洵須倫切說文曰過水中也集韻曰水名在晉陽一曰揮涕也詩云吁嗟洵兮洵直且侯洵美且都洵有情兮皆與恂詢通

沆下朗切瀣下戒切楚辭曰吸沆瀣兮充虛孫愐曰北方夜半气也水之疑

沙所加切水中糜石也說文曰从水从少水少沙見又作沙

譚長說沙或从之也又桬何切摩沙也

子結切俗又作砂

桬

桬而琰切桬帛爲色也說文曰从水杂聲徐鍇曰說文無杂

字未詳裴光遠曰說不錄

灋

灋方乏切經傳之用爲灋則灋式莫兮於水爲兮者灋焉故从水與準同義其从廌从厺未詳亦作𣵀說文曰荆也兮之如水廌觸不直者厺之別作法按法制所以禁邪非厺邪从廌从厺之說不通

小九十四

回

回胡隈切水所旋斡也回旋之深者爲囦顏回字囦說文曰回古文別作洄因之爲回還爲裵回別作迴佪又因之爲回邪爲昏回別作恛佪

孫奎謹校

六書故弟六

[redacted]

六書故第七

永嘉戴　侗

地理三

仌

仌筆陵切水遇寒而凝堅也象形又作冰从仌水說文曰仌凍也冰水堅也俗作凝孫氏魚陵切說文蓋已冰爲凝按仌於隸楷不能獨成文故後人加水焉凝之从冫从水無義當从今文

仌之諧聲

冬凍凝澌凌

小八十五

冬都宗切歲寒也𣅀古文从仌日

凍多貢切寒著物也

凝魚陵切水凍沍欲冰也

澌息移切流冰也

凌力膺切又力證切周官凌人掌冰毛詩曰三之日內亏凌会毛萇鄭康成皆曰冰室也說文滕朕聲冰出也或作凌按令吴越人謂冰縣爲凌澤引之爲凌兢之義

洛　澤　夳

洛歷各切類篇曰洛澤冰結也

澤達各切縣冰也

夳他達切冰凍滑夳也又作泰說文曰泰滑也从収从水大聲肓古文俗又作汏達傳曰弢汏輈徐鍇曰作汏非又他蓋切僭爲夳始之夳又爲安泰舒泰易曰天地交泰語曰君子泰而不驕小人驕而不泰又爲驕泰泰侈

凜　冷　清　冶　凋

小四十四

凜力稔切寒㝡也古通作亩別作懍

冷魯打切義不待訓

凊七正切清寒也記曰冬溫而夏凊別作⿰氵靚瀙

冶羊者切冰釋也引之則鎔金曰冶冶之聲轉而爲羊俗作烊金與冰之融冶兖采煋爚故容皃之豔者曰冶容

凋都僚切隕落也歲寒而艸木凋故从仌

亦偺用雕又偺用彫非

仌之疑

寒

𡫳胡安切說文曰从人在宀下从茻薦覆之下有仌

玉

𤣩魚欲切石之美者溫潤㠯澤縝密㠯㚖象形王省文說文曰王象三玉之連丨其毌也𤣩古文

玉之象形

圭

𡍬古畦切瑞玉也天子之圭尺有二寸大

小五十八

圭長三尺杼上㢲葵首命圭公九寸侯伯七寸博三寸厚半寸剡上夂又各寸半从玉而加巾其上所以象圭之剡上而長也説文曰圭上圜下方公矦以封从重土别作珪圭門剡上如圭故取名於圭傳曰篳門圭竇今作閨

玉之指事

珏

珏江學切二玉曰珏亦作瑴

班

玨之會意

班補蠻切分玉也从刀㠯分之書云班瑞于群后亦通作頒攽又因之爲班削之義偺爲班駁之班别作斑辬編說文曰辬駁文也

琥

玉之會意

琥呼古切說文曰發兵瑞爲虎文周官㠯白琥禮西方鄭康成曰虎猛象秋嚴

珥

珥仍吏切婦目飾也戰國策孟嘗君獻七珥於王而美其一他日眡美珥所在請太為夫人

璵　璠

玉之龤聲

璵㠯諸切璠步闌切又夂闌切璵璠玉之美者也說文曰孔子曰美哉璵璠遠而望之奐若也近而視之瑟若也一則理勝二則孚勝𠂇氏傳季平子卒陽虎叔㠯璵璠

瑾瑜球

歛仲梁褱弗與曰改步改玉

瑾飢忍切瑾瑜玉之美者傳曰瑾瑜匿瑕

瑜匀俱切記曰瑜不揜瑕

球巨鳩切玉名說文曰玉磬也別作璆虞書曰戛擊鳴球孔氏曰玉磬也禹貢雝州厥貢球琳琅玕孔氏曰球玉名周書曰天球在東序孔氏曰雝州所貢商頌曰受小球大球鄭氏曰小球鎮圭尺有二寸大球大圭三尺也或曰

琳　璿　琛　璊

小國大國之瑞也記笏天子以球玉鄭康成曰球美玉也侗謂球琳皆玉名可以為笏亦可以為磬球玉也鳴球磬也

琳力尋切書厥貢球琳孔氏曰玉名說文曰美玉也

璿侶沿切玉名書云在璿璣玉衡孔氏曰美玉也

又通作旋又作璿壡琁璇

琛丑林切詩云來獻其琛毛氏曰寶也

璊莫奔切說文曰玉經色也禾之赤苗謂之虋璊之色如之詩云

珣　玗　琪　瓊

毳衣如璊毛氏曰頳也說文作⿺毛㒼云㠯毳為罽色如虋

珣相倫切玗羽俱切琪巨丕切爾雅曰東方之美者有醫無閭之珣玗琪說文曰珣周書所謂夷玉也一曰珣器也讀若宣玗石之佀玉者琪弁飾徃徃冒玉也亦作璂周禮王之皮弁會五采玉璂鄭康成曰讀如綦綦結也皮弁之縫中每毌結五采玉十二㠯為飾謂之綦詩云會弁如星是也按康成玉綦之說昊之弁飾之琪當單作綦珣玗琪皆玉名亦莫詳其物色也

瓊渠營切說文曰赤玉也別作璚瓗詩云投我㠯木瓜

瑤

報之㠯瓊琚又曰報之㠯瓊瑤瓊玖又曰佩玉瓊琚曰瓊瑰玉佩曰維玉及瑤傳曰爲瓊弁玉纓按瓊瑤瑰與玉竝言則皆不㝵爲玉殆玉之類也詩言瑤琚瑰玖皆㠯瓊挈三者竝皆瓊之別欵

瑤余招切玉類禹貢揚州之貢瑤琨記曰尸㱃五君洗玉爵獻卿尸㱃七㠯瑤爵獻

琚玖玫瑰

大夫孔氏毛氏及說文皆曰美玉

琚九魚切玉類毛氏曰佩有琚瑀所目内閒按琚雖佩之一物肰木瓜詩瓊琚瓊瑤瓊玖玆言不㝵獨目琚爲佩玉

玖舉友切玉類毛氏曰玉名說文曰石之次玉黑色者也

玫謨盃切說文曰火亝玫瑰也一曰石之美者

瑰公回切玉類毛氏曰瓊瑰石次玉者說文曰玫瑰也一曰圜好

引之爲瑰奇又作瓌別作瓌璝

琇　瓘　珵

琇息救切玉類詩云充耳琇瑩又曰充耳琇實毛氏曰琇瑩美石也天子玉瑱諸矦㠯石按詩言琇瑩琇實猶言瓊瑩瓊英也琇玉也英英瑩實言玉之文質也君子偕老賦夫人之服飾曰玉之瑱也夫人之瑱猶用玉諸矦何爲用石乎

瓘古亂切𠂇氏傳裨竈請用瓘斝玉瓚說文曰玉也杜氏曰圭也

珵除荊切離騷曰豈珵美之能當說文曰玉也

琨 琅 玕

琨古渾切禹貢瑤琨孔氏曰美玉說文曰石之美者司馬相如賦曰琳瑉昆吾張揖曰昆吾山名出善金尸子曰昆吾之金河圖之流州多積石名昆吾鍊石作劒光明如水精按尸子之說無稽瑤琨並稱非金也今俗呂琨瑌爲玉錕鋙爲赤色鐵九非

琅盧當切玕古寒切禹貢雝州之貢球琳琅玕孔氏曰石而似珠素問曰平心脈來纍纍如連珠如循琅玕爾雅山海經皆曰出昆侖山本艸曰生蜀郡平澤蘇共云琅玕乃有數種是流離之類火齊寶也

大七五

周

珊　瑒

出嶲州㠯西鳥白蠻及亐闐中或謂是珠或謂是㯉莫能的識

珊穌干切珊瑚石也生海底或赤或青高一二尺餘海人浸水㑪其初生羅㠯鐵网㑪其扶踈揭而取之徐鍇曰裹㠯繒帛燒之不熱生海島捐其爲㯉者交柯可變或如令太湖石可琢爲器

瑒辻朗切漢書王莽九錫瑒琫瑒珌孟康曰玉名也亦作璗説文曰金之美者與玉同色

珂　璞　理

珂苦何切 說文新附曰玉也類篇曰石次玉者本艸曰珂貝類生南海大如鰒皮黄黑而骨白㠯爲馬飾色采者白而膩且有旋文

璞普角切玉未剖治者 別作玤

理良止切玉文理也先人曰凡物莫不有理玉理㝡精縝密㠯臯故理从玉引而申之幽深賾隱天理密察無所不通莊周曰庖丁解牛依乎天理批大郤導大窾技經

冐槩之未嘗言天理者也中庸曰文理密察易曰窮理盡性㠯至於命密察之謂理通達之謂道裁而安之之謂義

璀　玼　瑳　瑩

璀七罪切玉色鮮明也

玼千禮切玉色鮮澤也

瑳七我切玉色鮮明也

瑩烏定切又維瓊切玉色瑩徹也詩云充

琢　瑑　瑞

耳琇瑩毛氏曰美石也又曰尚之㠯瓊瑩乎而毛氏曰瑩石佀玉也按瓊瑩琇瑩皆言玉之瑩徹詳具琇下

琢竹角切刻琢爲文也

瑑直戀切琢玉爲文相繆也說文曰圭璧上起兆瑑也别作璏周禮曰瑑圭璋璧琮鄭司農曰瑑有圻鄂瑑起也侗謂瑑與篆義相近

大、五十五

瑞是僞切㠯玉爲信卩也周官宗伯㠯玉

佐六瑞吕等邦國王執鎮圭公執桓圭侯執信圭伯執躬圭子執穀璧男執蒲璧又典瑞掌玉瑞玉器圭璋璧琮琥璜又曰十有一歲達瑞節虞書曰輯五瑞班瑞亏群后𠂇氏傳襄仲辭王賓荅曰不腆先君之敝器吕爲瑞節要結好命說文曰从玉耑按說文惴从心耑聲遄亦吕耑爲聲遄顓皆耑聲蓋耑有顓音故也古之爲瑞也吕

璧

質大命昭大禮國之鎮器也㠯玉爲之重之也重之故寶之後世乃㠯鳳皇麒麟嘉禾朱艸爲瑞則祥也非瑞也

璧必激切圜瑞也規外而竅中其質謂之肉其空謂之好考工記曰璧羨度尺好三寸㠯爲度爾雅曰肉倍好謂之璧好倍肉謂之瑗肉好均謂之環周官㠯蒼璧禮天

瑗　環　玦　琮

象天圜也

瑗王眷切環戶關切古作8說具璧下說文曰瑗大孔璧人君上除陛㠯相引荀子曰召人㠯瑗絕人㠯玦反絕㠯環別作鐶

玦古穴切判環也別作璚

琮藏宗切方瑞也說文曰瑞玉大八寸佀車釭車釭其外八方而圜其中周官㠯黄琮禮地象地方也

璋

璋諸良切說文曰剡上爲圭半圭爲璋周官己㪅璋禮南方玉人之事大璋中璋九寸邊璋七寸𤣥三寸厚寸牙璋中璋七寸𤣥二寸厚寸又曰璋邸𤣥鄭康成曰𤣥剡出者也邸𤣥剡而出也

璜

璜戶光切說文曰半璧也周官己玄璜禮北方

琬　琰　瓚

琬於阮切說文曰圭有琬者徐鍇曰謂琬肰宛也書云弘璧琬琰在西序周官琬圭㠯治悳㠯結好鄭司農曰琬圭無鋒芒康成曰琬猶圜也

琰㠯冉切說文曰璧上起美色也周官琰圭㠯除慝㠯易行鄭司農曰琰圭有鋒芒傷害征誅討伐之象康成曰凡圭琰上寸半琰圭剡半㠯上又半爲瑑飾

瓚徂贊切周官祼圭有瓚㠯肆先王㠯祼

賓客鄭司農曰竝爲器可目挹鬯祼祭謂之瓚康成曰漢禮瓚盤大五升口徑八寸下有盤口徑一尺詩云瑟彼玉瓚黄流在中康成曰圭瓚目圭爲柄黄金爲勺青金爲外朱中記曰君執圭瓚祼尸大宗執璋瓚亞祼按考工記玉人之事大璋中璋邊璋黄金勺青金外朱中此豈所謂璋瓚者與康成詩說葢取諸此考工記又曰天子用全上公用龍侯用瓚伯用將說文曰三玉一石曰尨三玉二石曰瓚玉石半曰埒

大八十四

珽　瑱　珈

小二百卅五

珽他頂切說文曰大圭長三尺杼上终葵首記曰天子搢珽方正於天下也鄭康成曰笏也或謂之大圭

瑱他甸切㠯玉充耳也別作顚琠又讀爲鎭者非

珈古牙切詩云副笄六珈孔氏曰珈加也王后之衡笄皆㠯玉爲之衆亏副之兩旁當目其下㠯紞縣瑱由副既笄而加此飾故謂之珈男氏曰珈加於副之飾也予家嘗獲古玉其狀如冂考之杲氏古器圖云珈也長廣僅寸餘令松䔢朶子豈其變與

珩　瑀

珩戶庚切詩云服其命服有瑲葱珩亦通作衡記曰三命赤韍葱衡鄭康成曰衡佩玉之衡也按詩云有瑲葱珩瑲玉聲若爲佩之衡則不是有聲康成葢緣禮記僭用衡字遂㠯爲衡恐未然

瑀王矩切毛氏曰佩玉有珩璜琚瑀衝牙之類月令章句曰佩上有雙衡下有雙璜琚瑀㠯雜之衝牙蠙珠㠯內其閒纂要曰琚瑀所㠯內閒在玉之閒今白珠也說文曰石佀玉

瑚 璉 琫

瑚戶吳切璉力展切孔子謂子貢曰女器也曰何器也曰瑚璉也記曰夏之三璉殷之六瑚周之八簋康成曰皆黍稷器孔文子將攻太叔訪於仲尼仲尼曰胡簋之事則嘗學之矣單作胡

琫邊孔切又作玤說文曰玤石之次玉者吕爲系璧詹彼洛矣之詩曰鞞琫有珌毛氏曰鞞容刀鞞琫上飾珌下飾天子玉琫而

珌

珧珌諸矦璗琫而璆珌大夫璙琫而璆珌士珕琫而珕珌篤公蠡之詩曰鞞琫容刀毛氏曰上曰琫下曰韠又作鞛傳曰藻率鞞鞛昭其數也杜氏曰鞞佩刀削上飾鞛下飾按詩言鞞琫有珌與韎韐有奭同韎韐與鞞琫言其物奭與珌言其美也釃酒有藇籩豆有踐詩人之辭皆然鼓鞞而鎰之㠯琫有珌非辭也旾秋傳鞞鞛同稱而不曰珌琫毛公之說佀未足據況既㠯鞞爲容刀韠又曰下爲韠殆又㠯韠爲珌矣古不可考傳疑可也

大司卌六

珌卑吉切說具琫下別作㻫

周

璽 瑺 瓃 璲 瑲 琤

璽 斷氏切玉印也 别作壐 从土

瑺 都郎切 說文新附 琴飾也 以玉石爲瑺如瑱珥之類在耳爲耳瑺

瓃 盧回盧嵔倫追三切 說文曰 玉器也

璲 徐醉切 詩云鞙鞙佩璲 毛氏曰 瑞也

瑲 七羊切 玉聲也 通作鏘 古單作戕

琤 七庚切 玉聲也 通作錚

珍　寚　玩　瑕

珍張陳切說文曰寶也寶貴也珍寶玩弄皆人人玉莫貴於玉也

寚愽抱切珍藏也宀缶聲又作寶貝與玉皆所寶也

玩五毌切夒弄也引之爲玩習玩愒玩侮之義又作翫說文曰習而易之也別作貦說文曰忨貪也引𠷎秋傳忨歲激曰

瑕乎加切玉疵也

玷 玲 瓏 珠 璣 琲

玷丁占切又太聲玉小缺也或曰玉病也別作鉆刮

玲郎丁切瓏盧紅切孫愐曰玲瓏玉聲也按玲瓏乃空中通明之皃而非聲俗書也可廢

珠章俱切蠙之精也

璣居衣切說文曰珠不圜者或曰小珠也

琲部浼切珠也說文新附曰珠五百枚也又曰珠十毋爲一琲張有曰艸木華未叓琲磊如珠別作蓓蕾非

珧

珧余昭切說文曰蜃甲也可㠯飾物楚辭曰馮珧利決爾雅曰弓㠯蜃者謂之珧毛萇曰天子玉琫而珧珌

珕

珕郎計切說文曰蜃屬毛萇曰士珕琫而珕珌玉之疑

碧

碧必戟切說文曰玉之青美者从玉从石白聲按今碧色在青白之閒

卝

卝古猛切金樸也別作鑛磺⿰石卝又古患切孫愐曰⿱髟患角也

丹　彤

幼稺也類篇曰束髮皃詩曰緫角丱兮毛氏曰幼稺也朱子曰兩角皃

𠕁旻干切又作月赤石也說文曰象采丹井・象丹形

丹之會意

彤𨑒冬切㠯丹飾物也詩云彤弓弨兮假

佮音融商書高宗彤日祭之明日繹祭也

又作𤆍蚒

雘

丹之龤聲

雘烏蒦切伯曰燒鉛爲丹也

青

青倉經切石之蒼綠者也東方之行木木之色青又子丁切與菁通詩云綠竹青青說文曰𡴀古文

鹵

卤郎古切鹹澤也說文曰西方鹹地也从西省象鹽形安定有鹵縣東方謂之㡿西方謂之鹵卤古文卤籒文按潤下作鹹東南多鹹地不當从西内象鹽

鹽

佐六十六

外象盛鹵器與卣同古用爲盾櫓之鹵

鹵之龤聲

鹽余廉切鹵涸之爲鹽海鹽鬻而後成河東鹽釃灌畎中夏風而成函咸有厓鹽蜀漢有井鹽㠯鹽漬物之謂鹽去聲又借爲歛鹽之鹽記曰鹽諸利

鹽之龤聲

鹽　鹹　鹺

鹽公戶切鹽之滷澤者也周禮曰凡亝事鬻鹽以待戒令杜子春曰謂直用不湅治者僭爲靡鹽之鹽詩云王事靡鹽不皇啟処鹽猶緩暇也毛氏曰鹽不堅固也侗謂如毛氏之說則靡鹽爲無不堅固無不堅固則王事無闕矣何至反不皇兮

鹹胡監切潤下之味也

鹺昨何切記曰鹽曰鹹鹺說文曰河内謂之鹺

⿰鹵占　鹻

小五十八

⿰鹵占知咸切鹹昰也

鹻古斬切鹵之凝著者也幷州末鹽刮鹻煎煉其味最下

孫奎謹校

六書故弟七

六書故弟八

永嘉戴侗

人

人一

人如鄰切象形人主孫彝文人孟孫丁彝文說文人儿分二部人象臂脛形籒文也儿仁人也古文奇字人也按人儿非二字特因所合而稍變其埶合於夕者若伯若仲則不變其本文而爲人合於下者若皃若見則微變其本文而爲儿分而爲一者誤也

兒　身

人之象形

兒汝移切，初生子也。象囟未合。詩云：黄髮兒齒。謂其髮老而齒穉也。說文别作䶵，老人齒也，非。又儒兒，兒聲也。楚辭曰：喔咿儒兒，吕事婦人。又五兮切，僧爲

人姓

身升人切，象人軀幹。

身之轉注

身　軀　躳

身倚謹切轉身也詩云殷其雷言雷聲扆轉身地也考工記曰殷畞而馳謂衡轢隴畞之上也皆當作身身之諧聲

軀豈俱切身區也今俗有腔字疑即軀也腔軀一聲之轉

躳居戎切身也又作躬說文在呂部伯氏曰依身見呂也弓古音姑弘切詩躳與宮宗劦見於云漢弓與繩瘠劦見於小戎采綠較然

不絭弓非躳之聲也按俽身見呂之説亦未妥躳與宮皆从呂船古音也

包

包爷交切象人褱壬說文曰勹裹也象人曲形有所包裹包从勹象人褱壬巳在中象子未成形也元气起於子人所生也男𠂇行三十女又行二十俱立於巳爲夫婦褱壬於巳巳爲子十月而生男起巳至寅女起巳至申故男秊始寅女秊始申也孫氏勹包並爷交切引之則凡包裹包藏皆曰包說文胞兒生裹也按今人謂之包衣不當別立文胞乃育究見腜下

包之會意皆从包省

匊　冢

匊居六切米在包中匊之義也引之則曲手匊物爲匊亦作𢴹說文曰在手曰匊徐鉉曰俗作掬非說文又有匔字曲脊也籒省聲又有攫字爪持也徐鉉亦曰今作掬非包之龤聲

冢知隴切包之撮如也說文曰高墳也山之高頂因謂之冢詩云山冢崒崩毛氏曰山頂曰冢墓之墳者亦謂之冢周禮冢人掌公墓

大丶冊九

匌 匀 皃

廉成曰叔土爲丛隴象冢而爲之又引之爲冢土冢宰

冢子爾雅曰冢大也按叔土爲社大社叔之高於他社故謂之冢土冢宰冢子皆取其獨尊非大也

匌口荅切包裹重密也說文曰从合合亦聲

包之疑

匀羊倫切說文曰少也从勹从二按今㠯爲均匀之義

皃莫教切象人面皃或作貌說文曰貌籒文或作額豹

兜　　先

省聲又墓各切摹寫狀皃之謂也

兜當侯切首鎧也說文曰兜从兆从皃兆象人乡又㞋蔽讀若瞽

按兜自象人被首鎧初非取象於兆而从皃尤無義且兆亦不成文凡文有相類而非相資者曰壘非取圜於囗立山非取地於一兒非取囟於臼半非取角於中雈非取角於竿𦮼非取屁於火塵非取足於匕魚非取鱗於仌取屁於火果非取實於田龜非取蓋於大天地之生物也固然韋合傻會非文字之情也故不取

先側岑側含二切簪也象人首建簪別作鐕簪

佑、六十七

篸篋

蠶

兟　欠　次

兟 先之會意

兟 孫氏子林切說文兟兟銳意也

欠 去檢切呵欠也象人气上出借為欠闕之欠去聲

欠之會意

次 敘延切口流液也別作涎[illegible][illegible]

盜

羨

大、十六

次之會意

徒到切㳄次皿中有私其物之心

馬盜之義也

次之龤聲

敍面切慕欲也心慕欲則口流次

故从次羑省聲僭爲餘羨之羨延善

切又延知切沙羨縣名

欮　歘　欶　㱃　歠

佐八字

欮居月切，气屰也。今通作厥，非。

歘許物切，气翕歘如焱也。

欶敕侯切，气出如有刺之者為欶也。

㱃於錦切，含畣為㱃。別作飲。㱃人曰㱃，去聲。

㱃之䭇聲。

歠昌悅切，吸畣也。亦通作啜。

旡　歆

欠之轉注

旡孫氏居未切說文曰旡屰不旻息也从人反

欠說文曰旡古文

欠之龤聲

歆呼今切鼻微翕也欲食者先歆其气

故曰歆羡鬼神饗气臭而不饗味故曰

歆饗

大、四十六

歙　欱　歛　欽

佐二十三

歙迄及切翕气内息也古通作翕按出入息常自鼻不當从口呼吸當作歔歙又迄及切止息也又失涉切縮鼻也

欱呼合切口翕也别作哈盇欠

歛力冄切攝气也凡収歛者因謂之歛聚歛之歛去聲亦作斂説文曰収也

欽去音切屛气欽歛之皃也引之爲欽

欷　歔　欨

敂說文曰欠皃

欷香衣切又上聲鼻出氣也別作唏說文曰哀痛不泣曰唏按此即欷歔之欷漢書曰悲者不可爲絫欷又作悕

歔香居切鼻口出氣也亦作噓說文曰噓吹也悲者口鼻欷歔鼻之出氣爲歔今言嗚吸當爲歔歙口出爲噓

欨況亐切溫吹也凡歆翕歙呷欲皆内

乞也廣陿輕重象其聲欷歔欨呼呵皆出乞也廣陿輕重象其聲欨呵爲昜吹呼爲侌欲噢者欨之欲涼者吹之吕乞噢物爲欨吞聲亦通作昫又作呴煦記曰煦嫗覆育萬物鄭康成曰體曰嫗乞曰煦漢書曰愉愉呴呴又僭用休傳曰民人痛疾而或燠休之又作姁漢書曰言語姁姁

歌　歐　歗

歌古何切長言也别作謌

歐烏侯切歌烏也别作謳說文曰歐吐也謳亝歌也通亦作嘔漢書曰歌嘔道中嘔吐亦通作歐漢書曰歐泄霍亂倜謂歐歌當作歐嘔吐當作嘔上聲

歗穌弔切蹙口出聲目舒其褱也又穌六切詩云條其歗矣遇人之不淑矣又作嘯

欸

欸烏開切又於皆於解於亥三切發聲
也亦爲應聲娭爲發聲徐爲應聲楚辭
曰欸秋冬之緒風又作唉史記亞父曰
唉又作譩方言曰欸譩然也南楚謂然
爲欸說文欸訾也孫氏烏開切唉應
也讀若埃朱子曰欸唉音義同如歎與
嘆欬與咳實一字自皆楚言也元次山
欸乃曲柳子厚詩欸乃山水綠皆湘楚
閒從柳文舊本音藹襖正劭於亥之音
韻書兮上二韻欸唉皆同音明非二字
但乃字之讀如襖者未有所考自近世

歕　欲　歊　歜

有到讀二字者又或書欵爲欵其誤甚矣又爲飽聲亦作⿱壴夂

歕普魂切盛气⿰歹兵歕也亦作噴气滿而歕吞聲說文歕吹气也噴吒也一曰鼓鼻

欲余谷切羨欲也俗作慾

歊許交切气歊歊上騰也又虛驕⿱罒炅酷

⿱罒炅角三切

歜尺玉切說文曰怒盛气也傳曰饗有

歂 欺 歇 歃

昌歜杜氏曰昌蒲葅也陸氏曰在感切按歜字無緣有此音

歂市緣切乞捷厺也

欺厺其切乞餒也引之爲欺給欺於心者餒於乞別作諆說文曰欺也

歇許謁切息止也越泄無乞者因謂之歇又引之爲休歇

歃山洽切歃也古之盟詛者歃血又作唼陸

欶　欵　欣

氏曰小歠也

欶所六切吮也又所各切亦吮也吮之輕重如其聲別作嗽說文皆曰吮也漢書鄧通爲文帝嗽吮癰又先奏切气屰欶也

欵苦草切气屰出也又苦蓋切号欵也記曰車上不廣欬莊子曰謦欬於側

欣許斤切喜气發越也別作忻訢說文忻闓也訢喜也

大日卌七

歡　歎　歋　歈

歡呼官切喜樂也別作懽嚾

歎他案切太息也又他干切別作𣤮嘆說文曰歎吟也嘆吞歎也一曰太息也凡人心有所感發則形於聲嗟乞歎哀樂之聲各眂其情有歎於言之先者於乎不顯文王之悳之純噫嘻成王之類是也有歎於兏者一唱而三歎是也說文曰一爲吟一爲太息非

歋呂交呂遮二切歈呂朱切歋歈訾笑也說文曰歋瘉人相笑相歋瘉後漢書市人大笑舉手邪揄之俗作揶

欸 次

欸竿諸切疑辭也又歎辭也古借用與

次七三切止息也引之則凡止息皆謂之次易曰師左次止息之地因謂之次周禮八次八舍是也不歬者後於物故凡差遝者謂之次洪範所謂次一次三傳所謂次國次卿是也次弟之義因之編次髮己爲首飾謂之次周官追師掌

大曰五十五

卿

小八十九

后之首服副編次別作髮又因之爲次且之次七茨津私二切謂欲肯不肯也別作趑趄[illegible][illegible]

歉苦簟切乞餒也引之則凡不滿者皆曰歉亦作慊按經傳歉嗛慊謙愜嫌縒互爲昰孟子曰吾何慊乎哉朁語曰嗛嗛之悳不足就也穀梁氏曰一穀不升謂之嗛則已慊嗛爲歉孟子曰行有不慊於心則餒矣莊子曰必齕齧挽削盡去而後慊史記曰先王已

欿

大四三

爲慊於志則又㠯慊爲愜大學曰此之謂自謙則又㠯謙爲愜漢書曰嗛讓而弗發也則又㠯嗛爲謙說文曰慊疑也荀子曰臭之而無嗛於鼻漢書亦曰偷㝵避慊之便則又㠯慊爲嫌大槩古書傳寫多錯互朱子曰嗛口銜物也慊心有所銜也爲快爲足爲恨爲少則因其事而所銜不同也朱子蓋欲合衆書之異同而其實不然歉特爲乏餒推之爲不滿非有所銜也从欠爲正或从心次之歉足之義當作愜謙爲謙孫嗛與銜通聲義各有當不可交也

欿苦感切歉之甚也歉欿二字之輕重

欵　夂

如其聲 別作歔欻歙說文曰歠欲旻也讀若貪歁食不滿也

欠之疑

款款款 說文曰意有所欲也从㱁省或作款从柰孫氏苦管切按欵之用爲誠欵曲密之意楚辭曰寍悃悃欵欵朴以忠乎春秋傳有杜原欵皆从奔未詳歖欵以祟與柰爲聲說文以爲意有所欲疑別爲一字孫氏彊傳苦管之音未必然

夂 楚危切象人兩脛後有推而致之者 說文

牛　舛

夊从後至也象人兩脛後有致之者讀若黹夊行遲曳夊夊象人兩脛有所躧也孫氏楚危切按夊夊特一字象人後有推致之者是也致之所㠯从夊正取諸此

夊之轉注

夋說文曰跨步也𩰲从此孫氏苦瓦切

夊之會意

舛昌兗切或夊而㐄或夊而又兩相戾也揚雄作踳說文曰對臥也

大日廿八

桀

小八十六

舛之會意

桀其列切翹出木上也引而申之桀出於物上者皆謂之桀所謂豪桀俊桀是也（別作傑）㠯力桀敖者謂之桀左氏傳桀石㠯投人是也（別作揲）雞卥亐杙亦謂之桀（別作榤）凡翹桀桀傲桀黠桀虐皆因是而生義焉

乘

乘之會意

乘食陵切說文曰覆也从入桀桀黠也軍法曰乘

說文曰古文从几乘載其上也乘車乘馬乘舟乘城算法之乘皆取諸此所乘者爲乘厺聲車人之所乘也故車謂之乘車車必三馬故三馬曰乘馬引而申之則凡㠯三數者皆

磔　韋

曰桀桀乓桀壺之類是也

桀之諧聲

磔陟格切殺而張之木曰磔通亦作矺

舛之諧聲

韋羽非切離去也又作違正文爲韋華所擅故加辵㠯別又作斆語曰違之之一邦曰無終食之閒違仁曰又敬不違記曰揖人必違

舞

其佀中庸曰忠恕違道不遠傳曰天威不違顏只尺曰違穀七里令人㠯違爲北非也韋之遠者必至於北故合言韋北尔說文曰𡙡古文僭爲韋華之韋别厺爲母在華部

舞文撫切抃蹈也舞者少又夂夂故从舛又作翌秉羽㠯舞也俗作儛

舝　舜

小五十

舝胡戛切拘束舛戾也萬胡戛切省聲車軸兩端鍵因謂之舝詩云載脂載舝又曰閒關車之舝兮亦作轄

舛之疑

舜舒閏切詩云顏如舜華毛氏曰木槿也說文曰艸也楚謂之葍秦謂之藑蔓地連華象形从舛舛亦聲𡕥古文今隸文作舜又爲虞帝之名

夅　降　致

夅下工下江二切下人也从夂相倍也夅相下也今通用降非

夅之會意

降古浪切自𨸏而下也上曰陟下曰

降

夂之諧聲

致陟利切推之底至也致曰致月致命

𡕒

致女致身皆此義也引其義則鉤而至之亦曰致易曰致寇至工致其巧則器物堅精因謂之致（俗作緻）

𡕒房六切反也（別作𡕒复復說文曰畐省聲按鍾鼎文福復皆㠯畐爲聲非畐也）又芳服切反循故𧾷从也易曰反𡕒道也傳曰邲之役荀伯不复从又扶又切再也

夋

夋七倫切夋夋小進也亦作逡別作踆踆漢書曰有功者上無功者下則群臣逡謂勉進也史記曰九國之師逡巡而不敢進夋巡欲進而不進也漢書作遁

㚇

㚇子紅切說文曰斂足也鵲鵙醜其飛也㚇別作翪鵔

夎

夎則臥切跪不至地也記曰介者不拜

夆　夅　夌　夃

爲其拜而夆拜陸悳明曰挫也伺謂衣甲者難於跪拜拜則妨於俯伏所謂夆拜也

夆敷容切相遇也別作逢見辵部

夅下蓋切說文曰相遮要害也南陽新野有夅亭

夊之疑

夌力膺切說文曰越也从兂兂高也一曰夌徲也

夃說文曰秦㠯市買多㝵為夃从乃从夊益至也引詩我夃酌彼金罍盈夊

从此乃古文及字唐本説文曰益至也从乃益至也孫氏古乎切

夏

夓亥雅亥駕二切説文曰中國人也从頁臼夂臼兩手夂兩足也𩠐古文伯氏曰夏舞也臼象舞者手容夂象舞者足容也按古有舞夏周官大司樂奏蕤賓歌函鍾舞大夏鍾師掌金奏凡樂事召鍾鼓奏九夏王夏肆夏昭夏納夏章夏齊夏族夏祴夏驁夏傳曰金奏肆夏之三又舞師題

㠯雅夏則雅亦㠯夏名又爲雩夏之夏音夏之夏記曰夏大也金聲大故金奏㠯夏名雩音大故雩亦㠯夏名南方之悳廣大故其音亦㠯夏名也又爲夏屋之夏言其宇之兩下也别作廈又借爲夏楚之夏古雅切記曰夏楚二物収其威也别作榎爾雅曰槄山榎康成曰所㠯朴撻也

久

久舉友切說文曰象人兩脛後有距也引周禮久諸牆㠯觀其橈令考工記作灸諸牆稾成曰灸猶柱也士喪禮重鬲冪用疏布久之苞筲罌甒皆木桁久之稾成曰久讀若灸謂㠯蓋按塞其口按苞筲不瀝有蓋且曰皆木桁久之則所久者在木桁鬲之所久者亦當在重皆謂㠯木交柱之也按書傳通用爲永久之義

人之會意

仁

己卌一

仁如鄰切先人曰吾聞諸尤叔晦古文有因而重之㠯見義者因子而二之爲孫是是也因大而二之爲夫夫是也因人而二之爲仁仁是也孔子曰仁者人也人其人之謂仁𡰥古文从人省忎古文从心千聲伯曰仁从人二聲佞从女仁聲仁與二同聲仁如眞切二如寘切共紐㠯如字人與二古皆有紉音譬語之謠曰佞之見佞音紉果莶其田劦地因切訖之見訖劦側同切果莶其賂

㒷國而毋必逢其咎喪田不懲禍亂其興妄益有紉音也夫人有是身則有是心有是心則有是惪有是身而瘝痌苛癢之弗知者肌肉不仁也有是心而仁義禮知之弗身者其心不仁也盡其心踐其形肫肫乎其若赤子之肌仁義禮知切於心猶瘝痌苛癢之切於身也肰後能誠諸身能誠諸身肰後能人其人能人其

人所謂之仁矣夫心生物也仁生悳也於
亖耑爲耑於亖悳爲元天地之大悳也而
人受之㠯生故人者天地之心也天地萬
物人之體也親疏遠邇雖有衰序疾痛苛
癢無不周通也親親而仁民仁民而愛物
始亐邦家至亐亖海者仁之充也己欲立
而立人己欲達而達人能近取譬者仁之

充

方也故曰仁者人也親親爲大老釋者曰能灰其心槁木其形忘其身遺其親㠯仁義禮知爲外鑠我㠯天地萬物爲芻狗約妄不仁之至也墨者曰愛無差等眂其親猶其鄰之親也不仁莫大焉孟子曰仁人心也之二者皆失其心者也

充昌兖切从人从去去生之始也由始生

至亏成人充之義也骨骼成膚革盈形之充也仁義禮知根於心施於亖體亖體不言而喻性之充也孟子曰凡有亖端於我者知皆擴而充之矣若火之始然泉之始達苟能充之足㠯保亖海苟不充之不足㠯事父母

从疾容切一人先一人隨之从之義也从人

之者曰从厺聲俗作從从辵又即容切僭爲从人

衡之从東西爲衡南北爲从也俗僭用縱又楚

紅舒紅二切僭爲从容之从从容舒徐皃

也又子勇切僭爲从臾之从从臾獎勸也

亦作从容史記曰日夜从容勸之

从之轉注

比

大、五十六

比毗至切反从爲比反而相親比也說文

曰林古文引之爲比密之義櫛之疏者曰疏密者曰比詩云其比如櫛楚辭曰䯻制犀比漢遺單于王比疏是也今俗作梳笓又必二切比之曰比又必美切吕物擬物曰比又毗之切比而克鎞曰比又毗必切比密之昷爲比櫛俗作柫楖

比之鎞聲

毖

毖兵媚切書曰天閟毖我成功所又曰天亦惟用勤毖我民曰厥誥毖庶邦庶士曰汝劼毖殷獻臣曰汝典聽朕毖曰毖祀亏上下曰毖殷頑民與亏洛邑詩曰爲謀爲毖又曰予其懲而毖後患孔氏毛氏皆曰愼也吕詩書之辭義考之皆爲敎敕謹密之義詩云毖彼

泉水亦流亏泔言泉水雖毖密亦流
亏泔也獨大誥曰無毖亏恤詩云我
思不毖辭意頗與閑近孔氏曰勞也其說不通
从辶龤聲

幷　北

幷必正切二人幷合也幵聲又亏上二
聲俗作併加人非
北蒲妹切二人相倍也通作倍別作偝背人向

冀　乑

南而北朔故朔謂之北補墨切

北之龤聲

冀几利切北方州也借爲冀望之冀與

覬通

乑乑魚木切人三爲乑今書作豵豵乃矢鏑詳見豵下孫氏讀乑

負音切按闕乑聲初六切此明徵也宗乑乑賨之義取焉

乑之龤聲

大九十六

聚　眾　孕　見

聚慈庾昔句二切會萃也別作堅說文曰土積也又作冣說文曰積也

乑之疑

眾之仲切庻也說文曰从乑从目眾意春秋公子益師字眾又陸氏音終按師眾也名益師故字眾陸音非也

孕以證切人褱子也

見古甸切覩也从人从目見之義也見於

覜　覲　覽　覩

人曰見形甸切別作現

見之諧聲

覩都古切見之明也別作睹又作睹說文曰旦明也

覽盧敢切目采也

覲渠各切見於所尊曰覲周禮曰春見曰朝秋見曰覲

覜他弔切游眡也周禮曰㫝問曰聘殷

覿　覯　親

小十五

覤曰眂王之所㠯撫邦國諸矦者歲徧存三歲徧覤五歲徧省又作䀎

覿亭歷切猶見也周語曰火朝覿矣禮大夫聘於他國公事旣畢則㠯其私請見謂之私覿亦曰私面

覯古候切遇見也

親雌人切目繫親見也引之則凡切近

覛　覬　覦　覺

者皆曰親又引之爲親戚

覛莫獲莫狄二切密察也語曰太史順旹覛土又作脈唐本覓尋也从爪徐本从𠂢脈𠂢聲覛脈兩出音同

覬几利切䁴望幾冀之也通作幾冀

覦羊朱切伺望幾冀也

覺古岳切卓然有見頓寤於心也故引而申之則卓然可見者亦謂之覺詩云

覞　覶　伍　什

有覺悳行曰有覺其楹又古孝切寤也

覞匹蔑切過目暫見也莊子曰譬之猶一覞也說文曰蔽不相見也孫氏莫結切按許之義孫之音乃蔑字又作瞥別作䁾

覶洛戈力轉二切說文曰好眂也

伍吾古切五人之合稱也古者五人爲伍

什是汁切十人之合稱也古者十人爲什

㐲　介

㐲亏蕑切人大爲㐲

介古拜切居閒也从人介于八之中傳曰介居二大國之閒引之爲副介之義周官上公之禮介九人凡使者必有介紹所㠯傳命也記曰介子介婦皆此義也別作𢓜說文曰𨗨𢓜也又借爲介胄之介介甲也故蟲之外骨者謂之介蟲又引其義則堅而難入者

皆謂之尒易曰尒如石焉孟子曰柳下惠不㠯三公易其尒又僭義爲大詩曰㠯其尒圭大圭也亦作玠又曰報㠯尒福尒㠯繁祉尒人維藩皆謂大也别作夵伱傶

休

休許求切人息於木休之義也别作庥茠⿺辶休勞者旻休人情所欣故引之爲休美之義僭爲休燠之休許遇切

企　戍　臽　仄

企巨知切舉踵吕望也又作跂別作伎企說文企舉踵也跂足多指也伎頎也按多指止當作岐

戍須遇切安禦也从人何戈戍之義也

臽胡監切臽入坎穽中也古者掘地爲臼故人入於臼爲臽又作陷錎

仄札色切脅側也从人在厂下與側通

仄之轉注

凡　奿　㼈

凡胡官切轉仄爲凡因爲圜轉之義引之爲彈凡凡藥之凡

凡之龤聲

奿奴禾切凡之孰也又奴臥切又作按

㼈烏禾切說文曰鷙鳥食已吐其皮毛如凡

人之轉注

𠤎　艮

𠤎反人爲𠤎聲闕 說文曰相與比敘也亦所㠯用比取飯一名柶 从反人孫氏卑履切按𠤎與匕不同𠤎人㣙反也从人轉注其文去乚柶類也象匕之形其文仰已𠤎杏而反顧爲艮𡿺之後爲𡿺故皆从𠤎匙柶匘也卷酌之㠯匕故皆从匕二字文相近而義相遠因其佀而合㠯爲一誤矣

𠤎之會意

艮古恨切已杏而顧也行而反顧必止故艮爲止易曰艮止也

八之疑

卓竹角切古文說文曰高也早匕爲卓匕卪爲卬皆同義按卓植立卓然也故从人八引其義則爲高爲著詩云卓彼昊天又曰卓彼云漢卓彼甫田今本皆作倬加人初無義又勑角切亦作逴見辵部

卬五岡切首望也从人卪未喻别作昂徐鉉曰舉也从日按卬義自足从日無謂又僭爲自稱之辭詩云

匕 匕

人涉卬否卬吾我聲相通也

𠤏愽抱切說文曰相次也从匕从十

匕呼跨切倒人為匕人能則匕也別作化化䰐皆

凡自無而有自有而無皆曰匕乞匕曰匕

形易曰變匕者密移而其迹泯變者革故

而其迹著天地生生變匕無窮引而申之

變匕之義無所不通

老 耆

匕之會意

耂盧皓切老从毛从人从匕人老而毛髮變匕也或曰毛聲

老之諧聲

耆渠脂切人生六十曰耆僭爲耆好之耆常利切别作嗜[illegible][illegible]又僭爲耆定之耆職雉切詩云上帝耆之又曰耆定

耋　耄

戜功與底通

耋徒結切八十曰耋亦借用臷漢書曰犬馬齒臷

耄莫報切八十九十曰耄又作𦒻高省聲傳曰老叔至而耄及之古本作旄謂其老而昬旄也漢書曰秊齒老旄亦借用牦記曰牦期稱道孟子曰

反其犍倪今作耄

耇人久切長生也又作耈又去聲

考苦浩切老成也書曰考免命人至

終有子則人道成故又謂之考書云

奔走事厥考器物之成因謂之考昔

秋考仲子之宮詩序稱考室考牧皆

考其成也又與攷通用

耇　死　葬

耇古厚切老也說文曰老人面凍黎若垢

死息止切死从人从歺人而歺也說文曰从歺从人𣦸古文

死之會意

葬則浪切死而藏也古之葬者厚衣之以薪葬之中野又作葬說文曰一其中象所以薦尸

⿱敝龍　⿳⺮罒龍　⿳亠口龍

龍之龤聲

⿱敝龍毗祭切隕仆也說文从犬引春秋傳與犬犬斃非

⿳⺮罒龍呼左切天子曰崩諸侯曰⿳⺮罒龍言尊者之龍⿳⺮罒龍然震動也凡聲若⿳⺮罒龍者皆取意義焉詩云蟲飛⿳⺮罒龍⿳⺮罒龍又曰度之⿳⺮罒龍⿳⺮罒龍别作⿱⿱艹冖羽翃⿰訇羽

⿳亠口龍枯老切又去聲龍而⿱𥫗冋也周禮曰

眞

辨負物之鮮亮亦作⿱艹亮俗作⿱亮負

匕之疑

眞側鄰切說文曰僊人變形登天也从匕从目从乚八所乘載也古作𡗜按經傳無眞字惟削御寇莊周之書有之其所謂眞者猶不過爲淳一不襍之稱與今世所謂眞僞者同未始㠯變形登天爲眞也子桑戶死其友歌之曰而已反其眞而我猶爲人猗周所謂眞葢如此然自莊削始有眞人之名始有長生不死而登雲天之說亦寓言耳後世由此遂合道家神僊爲一流此變

形登天之說所由生也死生晦朔也壯老盈虧也日中則昃月盈則食天地盈虛與旹消息而況於人乎壯者之不能不老老者之不能不死猶生者之不能無穉穉者之不能無壯也人生百季爲大明稟之厚養之完有過其明者矣稟之薄養之虧有不及其明者矣安有不死之道乎哉人之生也气稟於天形受於地及其死也魂气歸于天體魄憂于土故会易葬精者生之始形气判離者生之死气升則泯合于天其未遽泯也爲游魂形毀則亡合于地其未遽亡也爲朽胔气非形不示形非气不立安有形气離而能爲人形气不離而能升天

者哉易曰原始反㚇故知死生之說神僊之有無居可知矣予悲夫怪淫之說託於虛無㠯誑世雖豪桀之士往往惑焉故辯著之

矣

矣說文曰語未定也矣聲矣古文矣孫氏曰語眀切按說文又曰矣矣鍒也古文作矣孫氏咍木切語未定而从匕旣不旻義矣之爲矣自無義而又㠯爲矣俱未可曉也

人之齘聲

匈

匈許容切身當心之上爲匈或作胸胷

伯　仲　倫

伯愽陌切兄弟之倫長曰伯次曰仲又次曰叔幼曰季伯仲叔季兄弟辭也俗謂伯又叔又爲伯叔亂名矣諸侯之長因曰伯又必駕切與霸通

仲直衆切仲在伯季之中猶中也古通作中

倫龍旾切人之倫敘也人倫之大者五又

偓　偕　僚

子有親君臣有義夫婦有別長幼有序朋友有信

偓陳畱切屋輩也古通作屋今作儕

偕士皆切輩也

僚力嘯切比官爲僚詩云我雖異事及爾同僚傳曰泉丘人有女奔孟僖子其僚从之亦通作寮說文曰寮穿也傳曰同官爲寮又力

侶　伴　倶　侔

小切詩云佼人僚兮毛氏曰好皃陸氏曰本亦作嫽

侶力疑切朋匹也

伴薄滿切說文曰大皃詩云伴奐爾游矣陸氏音判毛氏曰廣大有文章也徐氏音畔按今人言陪伴伴侶二字古倶無之季曰古𠀤字郎音伴漢昭帝時益州廉頭姑繒牂柯談指同𠀤二十三邑皆反顏師古曰𠀤音伴

倶疑朱切與同也倶與皆聲義相通

侔莫浮切才力𠀤也

倅　儲　僎

倅七内切副貳也

儲直魚切爲貳以承之也凡豫畜以待用者因皆謂之儲

僎祖倫切主人之介曰僎通亦作遵記曰介獻酢獻僎獻皆居又康成曰僎作遵鄉人爲鄉大夫來觀禮者鄉歓酒禮曰遵者降席康成曰謂此鄉大夫來助主人樂賓主人所榮而遵法者也令文作僎或作全記又曰介僎象会

大二百六十九

侑

昜也主人坐於東南而坐僎於東北己輔主人也又語曰公叔文子之臣大夫僎陸氏曰士免切說文曰具也按撰具當作撰祇當从遵音

侑于救切左相也記曰卜筮瞽侑皆在左又古者既食而勸食曰侑祭尸告飽而勸之歓食曰侑尸其侑之有己樂者周禮曰王曰一鼓己樂侑食亦有用幣者侍食於

佽　倪

所尊亦曰侑食記曰凡侑食不盡食亦通

佐宥傳曰虢公晉侯朝王王饗醴命之宥

說文姷从女耦也或从人

佽七亖切詩云人無兄弟胡不佽焉毛氏曰助

也又曰決拾既佽毛氏曰利也鄭氏曰謂手指相次比也

倪研奚切少稱之稱也孟子曰反其旄倪

又借爲端倪之倪極際之謂也莊子曰不

大日七八

云

侍 俥

知端倪

侍 普吏切，陪側也。

俥 後遇切，附著也。傳曰：皮之不存，毛將焉傅。又曰：環城傅於堞。董仲舒曰：傅其翼者兩其足。此傅之義也。因之爲孚傅。傅御之義，方遇切，翰夕親近輔翼之職也。古之賢者子生則有孚母，已孚抱之，稍長則有傅㠯傅道之由是而上天子有太師太傅太保爲三公保保其身體傅傅之悳義師道之敎訓其佐彌尊其賚彌大保傅之義一也詩云王命傅御與其私人傅御者𦩍夕親近御于君子者也漢稱傅婢婢之𦩍夕親近者也

佾

大日六十五

佾夷質切舞行也古者八人爲佾天子八

云

使 偒 俜 仕

佾降殺㠯兩

使疏士切役使也所㠯奴命而往者曰使

去聲

偒悲萌披耕二切書曰偒來㠯圖及獻卜

孔安國曰使也

俜幷弭切使也

仕鉏里切从事亐公也

僕　倌　傜　傔　何

僕蒲沃切出入僕从者也故車馭亦謂之僕說文曰給事者从業業亦聲𦗩古文因之爲僕僕

倌古寛切孫氏古患切詩云命彼倌人星言夙駕說文曰小臣也

傜餘招切役也

傔詰念切說文新附曰从人類篇曰侍从也

何胡哥切負也詩云何蓑何笠禮曰少何

大日五十九

佗

瑟詩云百祿是何又上去二聲别作柯又借用荷皆非借爲誰何之何又呼哥切借爲遣何之何又作譴訶

佗唐何切背負曰佗别作駞拕馱拖匈奴奇畜有橐佗肩背有肉峯隆起如橐能佗重載故目名之别作駱駝借爲委佗之佗詩云委委佗佗佗亦作委蛇又湯何切亦作牠負且曳也

他　儋　任

他湯加切非我曰他亦通作它佗

儋都啖切肩任也所儋之物爲儋去聲别作

檐擔甔

任如林切儋也詩云是任是負傳曰寡君未之敢任又曰君不任受怨臣亦不任受惪所任之物曰任去聲詩云我任我輦孟子曰門人治任叔歸又曰天叔降大任於

小五

是人曰工師㝵大木則王喜㠯爲能勝其任矣因其能任而任之亦曰任任官任賢是也悉力能勝重任者因謂之任周官鄉敎敎六行孝友睦婣任恤鄉有重難慮莫肎任故費其能出力儋負者六行之敎任居一焉任俠其靡也因之爲承任之義秦法任人而所任不善者罪之范雎任鄭安

乎爰盎兄噲任盎爲郎中汲黯呂叉任爲太子洗馬皆謂儋負其可任用也妥重於人恣其所爲因謂之任婦人褱子亦謂之任乎聲亦單作壬衇書督衇屬昜循膂而上至鼻任衇屬侌循腹而上至咽女子二十任衇通則有子別作妊姙

俠

大二ヨ冊四

俠檄頰切挾負力气吕任自豪也說文曰俜也傳

使也顏師古曰俠之言挾也㠯權力俠負人也秦漢㠯來始有任俠司馬䙴曰儒㠯文亂法俠㠯武犯禁雖其行不軌於正義然其言必信行必果已諾必誠不愛其軀赴士之戹困存亾死而不伐其悳亦有足多者焉班固非之曰與序游俠則退處士而進姦雄此其所蔽也侗謂俠者任之靡也先王之政教息上

失其道無㠯屬民故游俠之迬㠯任旻民
慕其風聲延頸願交者接轂闐門其人因
旻藉勢作姦眦睚殺人藏亾匿舶擅主威
而干國紀蓋任恤之敎衰而後游俠之勢
行袁盎曰緩急人之所有一旦有急扣門
不㠯親爲解不㠯存亾爲辭天下所望者
獨季心劇孟尒此任恤之流風而俠者所

藉呂成名也夫居鄉而不能任鄉之大事居國而不能任國之大事故俠不可有而任不可無鄉之六教任處一焉孟子曰伊尹聖之任也班固知𠟭其末矣猶未能揣其本者也

㕘

㕘倉含切伯曰二人同一人徃㕘之也从人从人㕘聲記曰離坐離立無徃㕘焉易曰㕘

仔　健　仡　佶

伍吕變三之曰參五之曰伍說文曰參聲徐鉉曰今非聲又楚今切參差不亝也三相次為參兩相次為參差又所今切

仔子之切詩云佛旹仔肩毛氏曰仔肩克也鄭氏曰任也

健渠見切筋力彊忍也別作健

仡魚訖切武壯也書云仡仡勇夫

佶巨乙切武毅也詩云三牡既佶既佶且

俊　偉　倜　伉

閑馬壯健則難馴故既信且馴斷爲善也

俊子峻切才知拔類也古與駿通用亦作雋馬氏曰才過千人曰俊又作儁

偉于鬼切魁奇也

倜下簡切詩云瑟兮倜兮大學曰瑟兮倜兮者恂慄也毛氏曰寬大也韓嬰曰美皃說文曰武皃也

伉魚檢切莊嚴皃也又作儼又作㑘妒

小五十九

六書故八

四三

優

優於求切有餘力也語曰孟公綽爲趙魏老則優詩云優游爾休矣又曰益之以霢沐既優既渥別作瀀从水非說文曰澤多也引詩作瀀又爲倡優笑諧笑者也亝語曰優笑在前瞽語優施曰我優也言無鄙

儀

儀魚羈切容儀也被服起居進退動作有則之謂儀有儀則可象故爲儀刑爲儀度

小十九

詩云儀刑文王又曰我儀圖之儀禮之絪也趙簡子見子太叔問揖讓周旋之禮子太叔曰是儀也非禮也魯昭公適晉自郊勞至于贈賄禮無違者女叔齊曰是儀也不可謂禮（別作⿰文義）又為儀匹詩云髧彼兩髦實維我儀語曰丹朱馮身以儀之皆亦儀匹之意

允　俶

𠃓余準切，信實也。別作𡕝，說文曰：進也。从屮从夲。引易：𡕝升大吉。

俶詳六昌六二切，始也。書曰：俶擾天紀。孔氏曰：始也。詩云：令終有俶。毛氏曰：始也。鄭氏曰：厚也。非。又曰：俶載南畝。鄭氏讀俶載爲熾菑。非。又曰：有俶其城。毛氏曰：作也。非。又令善也。又他歷切。史記：魯仲連好奇偉俶儻之畫策。廣雅曰：俶儻，卓異也。又作諔、倜。莊周曰：諔詭幻怪之名。漢書：朱雲好倜儻大節。

大日五十七

倘　　儆　侗

倘儻他朗切儻忽不可期也莊周曰雲收見之倘然止又曰儻乎若行而失道也曰儻然立於三虛之道又曰物之儻來寄也引之爲俶倘爲倘怳自失皃通亦作儻又作

惝儻又尺掌切

儆居景切覺悟戒懼也與警通

侗迭紅他紅二切未有知皃也書云在後

儒　儉

之侗語曰侗而不愿莊周曰侗乎其無識揚雄曰倥侗顓蒙吉單作空同說文曰侗大皃

儒人朱切文弱也又作懦說文曰駑弱也又作嬬說文曰弱也又文學爲儒周禮曰儒㠯道㝵民講六埶之文明先王之道儒者事也又庳者曰朱儒梁上短柱因謂之朱儒

大四六十

儉巨險切約損也伯曰薄於弄己約於用

侈　備　倩

物之謂儉薄於奉己養惪也約於用物養財也林放問禮之本孔子曰禮與其奢也寍儉

侈尺氏切好廣也侈弇之義生焉在口爲哆在衣爲袲禮曰錫衣侈袂

備平祕切先具已待用也

倩倉見切笑也詩云巧笑倩兮說文曰東亝謂壻曰

佚　傳

倩　按今人呂蹔雇爲倩

𠈃　弋質切安佚也古亦通作逸又辻結切

佚蕩不循軌物也通作軼跌

傳　重緣切轉相授受也次弟相傳爲傳直戀張戀二切有遽令者置馹吕叓傳謂之傳騎置車吕叓傳謂之傳車旾秋傳曰梁山崩晉矦吕傳召伯宗爲符契傳吕出入

大日五十六

匍

門關者曰符傳孟嘗君封傳變姓名㠯出關漢關吏與𠔄軍繻曰為憂傳又引之則簡策之載㠯傳久遠者亦曰傳旾秋有𠂇氏傳本㠯載事傳後謂之傳喪禮有傳者師所傳受也公羊氏穀梁氏於旾秋有問荅之義焉故亦謂之傳後之注釋者率自名其書曰傳昰至分詩為正變而㠯正風正雅為經變風變雅為傳楚辭則㠯離騷為經餘篇為傳誤矣

匍薄乎切說文曰手行也

匐蒲北切說文曰伏地也

匍匐

匐　俛　僂　傴　俯

伏行也古作扶服亦作蒲伏

俛模貶切下首也

僂力主切曲背也又郎矦龍珠力候三切

僂句大龜名句僂山名別作岣嶁

傴於武切僂昰也傳曰一命而僂再命而傴三命而俯又衣口切別作痀瘟

俯夫戶切下首至地也說文頫从逃省低頭也或作俛史記

大日四二

小九十五

俛杳眇而無見漢書佁傾顔師古曰傾古俯字孫氏方矩切徐鉉曰俗佁俯非按說文漢書皆㠯傾爲俛孫顔徐皆㠯傾爲俯類篇又合俛俯爲一二字不可合而傾从逃省亦無義故悉不取

仰

仰㒳切卬首也古通作卬又去聲仰俟也傳曰百穀之仰膏雨漢書曰卬弄賜給諸公

倨

居御切亣之直也凡亣容欲悳倨則敳

偃　僛　俄　偏

傳曰直而不倨矩之直者爲倨折而衡者爲句磬有倨句戈亦有倨句

偃衣遠切仰臥也詩云或息偃在牀鄭公子偃言偃皆字游

僛丘其切不能自正之皃詩云屢舞僛僛

俄五何切傾也俄傾謂俄首傾首之閒也

偏匹連切不正也偏頗聲義相近頗近於

側

僻㠯中言之中之兩旁謂之偏傳曰鄭伯使許大夫百里居許東偏晉獻公衣太子㠯偏衣又曰廣有一卒卒偏之兩蓋百人爲廣夏㠯二十五人爲之偏也又曰帥偏師㠯修封畺偏裨之名所由生也司馬灋二十五乘爲一偏

側阻力切屮又一偏也與仄通

俜　依　倚

俜普丁切一偏也說文曰使也令俜孤夫皃也

別作竛竮竛竮

依於希切阿徬也今俗有偯字烏回切又按依偯同聲實一字

上聲戶牖之閒謂依焉周禮王位設黼依

亦作扆康成曰扆制如屛風

倚於起切依靠也說文曰依倚也倚依也按偏頗依倚聲義各相

近而微不同頗㫖於偏倚力於依察其聲之輕重廣陿而義可知也凡文各有義㠯

偯　儺

佐、六十四

彼喻此兔不親切說文依倚互相釋此類甚多蓋無所取之姑取諸近似而已矣依倚依仰之類人所同曉不待訓故而可知也

偯於豈切記曰大功之哭三曲而偯又曰童子哭不偯康成曰聲餘从容也說文作㥷痛聲也按康成之說近之偯蓋曲折宛委大功哀殺故其哭聲宛偯童子未能爲聲直遂其哀而已

儺乃可切宛委皃也詩云佩玉之儺曰隰有萇楚猗儺其實又通作難詩云隰桑有

僊　佺

阿其枼有難又囊何切語曰鄉人儺韓服
而立於阼階古單佺難周官方相氏掌蒙
熊皮黃金三目玄衣朱裳率百吏而旹難
僊相然切輕舉皃詩云屢舞僊僊亦作蹮
別佺仙莊周曰千歲猒世去而上仙猶言升遐上升升謂魂气升于天也世因目仙爲
長生不死之名至創偓佺二字爲仙人名妄矣
佺側各切奮興也引之則凡有所佺興肇

俟 傒 候 伺

造皆謂之作易曰坤作成物又曰包羲氏作八卦作結繩而爲网罟記曰作者之謂聖述者之謂明又則故則个二切俗作做

俟牀史切待也又作竢[illegible]別作俟逘

傒戶禮切待也又作徯

候胡冓切安望也

伺相吏切候察也別作覗

偵　偵知盈切窺伺也亦作⿱穴⿰正見

佇　佇丈呂切止而望也詩云瞻望弗及佇立以泣又作竚說文又有眝長眙也一曰張目也

停　停唐丁切行中止也本單作亭

住　住廚遇切久停也又朱遇切與駐通

值　值直吏切遻相直也古單作直

催　催倉回切趣也古有趣而無催催趣同聲實一字停住催促值皆後

佐九十

人所增說文催相擣也引詩室人交徧催我葢誤㠯摧爲催

儳

儳倉監切越次進也記曰長者不及毋儳言謂言未及之而言也與攙同徐氏士鑑倉鑑倉陷三切竝非失次不整爲儳厺聲說文曰儳互不亝也傳曰鼓儳可也謂椉鼓衆之未成列鼓而攻之也陸氏仕銜仕減二切竝非記曰君子不㠯一日使其躬儳焉如不終日謂茍且不整肅也鄭氏曰可

仞

輕賤之皃徐氏在鑑仕鑑切竝非

𠇠而震切古㠯周尺八尺爲仞中人之身長八尺兩臂尋之亦八尺兩足步之亦八尺度高深㠯仞度長短㠯尋度地㠯步傳曰仞溝洫借爲識仞之仞漢書孟喜不肎仞趙賓說俗作認

仂

大日三九

𠇞六直歷旻二切記曰祭用數之仂康成

周

低 億 㑥

曰十一也

低都黎切卑也古稱高卑今言高低

億於力切十萬爲億詩云萬億及秭又爲億度語曰億則屢中又曰不億不信億度本當作意意之之謂億詳見意下說文𢡃滿也一曰十萬爲𢡃億安也𢡃聲

㑥力制切事比也

俗　俚　但

俗佀足切習之所成爲俗一鄉有一鄉之俗一國有一國之俗

俚良㠯切鄙俗也所謂下俚也借爲無俚之俚猶言無賴也聊俚賴聲相通

但杜旱切說文曰裼也按袒裼之袒當从衣假借之用與事同又與特同但事特地特聲相通故其假借之用略同

僅　俁　伾　佌　儦

僅渠吝切說文曰纔能也亦通作堇廑

俁魚禹切詩云碩人俁俁毛氏曰容皃大也別作[illegible]

伾鋪悲切詩云以車伾伾毛氏曰有力也

佌淺尒切詩云佌佌彼有屋毛氏曰小也說文作佪小皃也引詩佪佪彼有屋或作佌倜謂佌佌猶言差差言其鱗比之皃

儦必遙切詩云行人儦儦毛氏曰衆皃又曰瞻彼中原其祁孔有儦儦俟俟或群或友毛氏

伎　俅　佸

曰趨則儦儦行則俟俟陸氏曰本作儦按儦儦言獸之儦捷也俟俟言亏其舒徐也行人儦儦亦言其驕捷也單作儦爲是

伎翹移切詩云鹿斯之奔維足伎伎毛氏曰舒皃按既言奔不㝵爲舒葢奔趨足相及皃俗㠯爲技字又有倆字伎倆猶言技埶也

俅巨鳩切詩云載弁俅俅毛氏曰共順皃說文曰冠飾皃按詩人特㠯俅俅狀載弁之容尒非冠飾也毛氏之說恐亦未肰

佸戶括古活二切詩云君子亏役不曰不

偈　僬

冃曷其有佸毛氏曰會也韓氏曰至也毛說近是

偈起竭居竭二切詩云匪車偈兮毛氏曰偈偈疾驅也漢書作揭王吉曰是非古之車也揭揭者又去偈切與憩通

僬子妙切記曰士蹌蹌庶人僬僬鄭氏曰卑者體蹙荀子曰誰能己之僬僬受人之掝掝楊倞曰明察皃子消切語曰僬僥氏長三尺短之至也韋昭曰西南夷之別名按此說亦未有所稽荀子曰焦僥與烏獲搜單作焦

僥　偲　倪

僥五聊切說見僬下

偲息茲切語曰朋友切切偲偲馬氏曰相切責之皃陸氏曰本又作愢說文曰彊力也引詩其人美且偲按詩二章曰美且鬈三章言美且偲鬈言髮偲言髯卽旾秋傳亐思亐思之思許氏說非也

倪苦甸切詩云倪天之妹毛氏曰磬也韓詩作磬孔氏曰如令俗語譬喻物云磬作然也說文曰譬喻也一曰聞見也从人从見淮南子曰譬若倪之見風也注曰倪候風雨也

佼　僝　僑　伋

佼古巧切詩云佼人僚兮陸氏曰又作姣方言曰自關而東河濟之間凡好謂之姣月令曰養壯佼

僝仕限離免二切又作僝書云共工方鳩僝功孔氏曰見也說文曰具也

僑渠嬌切鄭僑字子美又字子產又僑寓也

伋居立切孔伋字子思

僖　佔　傁　俴　佹

僖許其切說文曰樂也

佔蚩占切記曰呻其佔畢陸氏曰眡也

傁䟽鳩切春秋傳有公孫傁

俴在演切詩云小戎俴收毛氏曰俴淺也

佹古委切晉獻公名佹諸按晉武公伐夷執夷詭諸古葢有此言如庭堅夷吾之類今特不知其義尔詭佹疑祇一字荀子曰天下不治請陳佹詩謂詭辭㠯風也楊氏曰佹異激

僤　偩　佗　傺

切之詩也列子曰佹佹成者俏成者也初非成也佹佹敗者俏敗者也初非敗也

僤詩云我生不辰逢天僤怒毛氏曰厚也陸氏曰都但反本亦作亶按僤怒之僤疑當作憚莊周曰憚赫千里都但切

偩扶缶切樂記曰禮樂偩天地之情鄭氏曰偩猶依象也

侘敕駕切傺敕介切楚辭曰忳鬱邑予佗

傺孫愐曰失志皃

倢　伃　㑭　亮

倢子葉切說文曰佽也伃㠯諸切漢婦官有倢伃秩比列侯別作婕妤伃又作嬩說文曰伃婦官也婕妤女字也韋昭曰倢承伃助也一云美好也師古曰倢言接幸於上也伃美稱也按自俣至倢伃雖著於經傳說者不過緣上下文㠯意爲訓莫旻其本義姑㠯俟知者

㑭㑭息六切說文曰古文夙宿㠯此爲聲

亮力讓切左相也朗也信也京省聲書曰使宅百揆亮采惠疇孔氏曰信也曰咨汝二十

大日十七

云

有二人欽哉惟旹亮天功曰寅亮天地曰弼亮三去又曰王宅憂亮侌三祀論語禮記皆作諒侌孟子曰君子不亮惡乎執徐本說文無亮字唐本曰明也从儿从高省按亮與諒多通用亮有三義亮采亮天功寅亮弼亮皆不可訓信伯曰亮相助與倞通有用力意按詩云涼彼武王隷作大商毛氏曰左也陸氏曰本亦作諒韓詩作亮相也伯說爲當訓明者近之君子不亮之亮乃與諒俱爲信尔

償

償食章切還所直也旹秋傳曰請相夫人

僦　儈　估　俵　仵　佁

㠯償馬

僦即就切，僦賃也。

儈古外切，合市人也。俗書之末可廢者

估果五切，市稅也，商物賈也。俗書之末可廢者

俵彼庿切，分畀也。俗書之末可廢者

仵阮古切，莊周曰：齮耦不仵。徐氏曰：同也。一說：敵偶也。

佁丑吏切。儗魚吏切。司馬相如賦曰：仡㠯

伹　倓

佁儗張揖曰佁儗不前也按今㠯驕騃難語使爲佁儗古葢有此語顔師古曰又音態礙說文曰佁儗也讀若騃儗僭也一曰相疑按僭者擬上擬者不必盡僭僭擬比擬之擬止當从手詳見擬下

伹伹侣負切說文曰拙也淮南子曰使伹吹竽按今俗亦㠯拙鈍爲伹

倓人善切說文曰意毳也按今人亦㠯和

佷　佻　儇

易無他者爲⿰亻無

佷胡田胡恩二切說文曰狠也按今人亦以忿悍不可解爲佷

佻他彫切輕也詩云佻佻公子行彼周行通作挑窕爾雅曰偷也說文同引詩示民不佻按詩今作恌

儇呼緣切輕利也詩云揖我謂我儇兮荀子曰鄉曲之儇子通作獧翾又作嬛譞

偷　僻　僭　偪

小二十六

偷他侯切苟且姑息也别作婾

僻普擊切袤僻也古單作辟伯曰邪客於脅下謂之僻後人加水爲澼加歹爲𣩵脅下非正气與水穀往來之道邪熱與食入則不能出故謂之僻也

僭子念切僭踰過度也又子林切

偪筆力切偪迫也通作逼又偕爲偪僂之

倍　侮　侜

傴記曰傴僂著纍鄭氏曰行滕也

倍蒲妹切反北也與北通俗亦作背偝又上聲

兩之曰倍

侮文甫切玩弄也亦作俻按漢書作侮母於侮其聲鐠

侜張流切說文曰有啚蔽也詩云誰侜予美心焉惕惕毛氏曰侜張誑也與譸同按書無或譸張爲幻

譸讒誑也張張皇也孔氏合而釋之曰誑毛氏曰張釋侜皆非又作倜亦作侏譸張

大日廿九

卯

倡　倀　伶

侜張倜倡侏張實一字也或用爲儌儍之儌者非朱與周皆非丁歷之聲

倡尺良切倡優俳諧共給戲笑者也别作娼俗謂女爲娼按因之爲倡狂莊周曰倡狂妄行亦作猖又爲倜倡揚雄曰物咸倜倡倜倡驚詭也

倀褚羊切狂行不知所如也記曰譬猶瞽之無相倀倀乎其何之說文曰狂也一曰仆也

伶郎丁切樂官也亦通作泠周有泠州鳩

俳　傀　傢

春秋傳晉侯見鍾儀問其族曰泠人也曰能樂乎對曰先父之職官也敢有二事

俳步皆切俳諧優類也

傀古壞切周禮凡曰月食三鎮五岳崩大傀異烖去樂舊音怪疊氏九靡切廉成曰猶怪也說文曰偉也或作瓌按瑰偉之瑰當作傀又苦賄切今爲木偶戲者謂之傀儡

傢柯開切奇傢不常也又下楷切

仇　伉　儷

仇渠尤切敵怨也傳曰嘉耦曰妃怨耦曰仇引之則凡匹耦皆曰仇通作逑詩云君子好逑又曰公侯好仇別作[illegible]慦[illegible]

伉苦浪切儷力計切左氏傳郤犨奪施氏婦婦人曰鳥獸猶不失儷子收若何又曰不能庇其伉儷而亾之杜氏曰伉敵也儷耦也詩云高門有伉毛氏曰伉高皃按高亢之亢止當作亢與亢龍之亢同伉儷當

佐充麗說見充下

仳

仳普比切分判也詩云有女仳離又篇夷切傅雅曰仳倠醜也倠許惟切

倦

倦渠眷切罷也又作勌說文曰勌勞也考工記曰兑曰馳騁𠂇不揵揵或作勌康成曰勌今倦字也或又作勸

倒

倒都老切仆也又去聲𦣻反在下也

債

大、廿七

債夫問切踣躓也仆夫遇切債仆同聲其

仆 僵 傷 俘 兀

義一也古無仆字又昔卜芳豆二切別作踣⿺辶咅

僵居良切直仆也別作殭

傷尸章切創也又作傷說文曰从人𥏫省聲按𥏫說文曰𥏫从矢昜聲傷也又作瘍愓慯禓竝非說文慯憂也類篇禓殭鬼也

俘芳無切生獲曰俘

兀五忽切行踔兀也無止者謂之兀莊周曰魯有兀者叔山無止踵見仲尼李氏曰刖足曰

兇 假

兀說文曰高而上平曰兀从一在人上按兀無高而上平之義人之上安㝵平兀蓋一聲引而申之凡臬兀不安者皆謂之兀別作臲卼又作𡴫𦨴杌易曰困于葛藟于臲卼說文引易作劓卼書云邦之杌隉

兇許恐切恐懼也通作洶又平聲別作忷訩哅兇

假舉下切僭也一說大也詩云假哉天命又曰假㠯溢我又古額切與格通詩云天

監有周昭假亏下又曰大夫君子昭假無贏又曰㠯假㠯亯來假來饗又曰昭假遲遲又曰亖海來假感格徹至也又亥加切與遐通記曰告喪曰天王登假又乎聲詩假樂君子中庸作嘉毛氏曰假嘉也陸氏讀爲暇非

偺

偺資夜切己所無偺諸人也又收昝切偺與藉通藉有祥易音故偺亦有收昝之音

佀　仿　佛

別作偕非

佀詳里切肖也徐本說文佀象也从人吕聲唐本說文叺象也用也从巳从人

仿叓网切說文曰相佀也別作俩髣倣佛叓勿切說文曰見

不審也別作髴佛侗謂仿猶放也仿佛見不審微

㝵其佀也佛又房必切與彌通詩云佛旹

大、十八

仔肩鄭氏曰輔也音彌又扶弗切戾也記曰獻鳥

僾

仸、四十四

者佛其䍜畜鳥者則匆佛也鄭氏曰庋也爲小籠冒其䍜爲其喙害人又曰其牠之也悖其朿之也佛陸氏曰本又作拂釋氏自号曰佛呂去人倫朿宋滅爲敎呂予觀之其佛人之性也甚矣

僾於代切仿佛若見僾然也詩云如彼遡風亦孔之僾爾雅曰唈也孫炎曰心唈也鄭氏曰鳴唈短气也鄭氏曰使人唈然如鯁㾪風不能息記曰祭之日入室僾然必有見乎其位陸氏曰微見也

僞　佯　偶　俑

僞危睡切飾佀吕貿眞也

佯余章佀羊二切皃紿也通作陽內不然而外飾僞故曰陽亦借用詳

偶五口切象人也古借用禺史記秦祠畤用木禺車馬小司馬曰音偶漢悉作寓事有不期而遻然者因謂之偶俗通吕此爲奇耦之耦

俑余隴切象人也古者束芻仿佛人物吕

倛　儂　傖

人人葬謂之芻靈後人始作俑孔子謂爲芻靈者善謂爲俑者不仁曰始作俑者其無後乎謂其象人而用之也

倛渠之去其二切荀子曰仲尼面如蒙倛楊倞曰方相也兩目爲倛淮南子㠯祈雨土偶爲倛又作顛魌

儂奴冬切吳人謂人儂按此即人聲之轉甌人呼若能

傖助耕切吳人謂楚人傖又千剛切傖囊亂皃也

羌　僰　党　倭

羌 去羊切西夷之别也說文曰牧羊人也从羊儿古文按羌乃羊聲許氏之說非

僰 蒲北切西南夷也說文曰犍爲蠻

党 底項切党項羌别種也

倭 一戈切漢志夫樂浪海中有倭國在會稽之東又謂之日本國說文曰順皃引詩周道倭遲按委遲與委蛇同皆當作委

尻　屎　尿

小ヨ卅四

尻苦刀切脊骨所竟當肛門之上爲尻从人省象其後也九聲說文曰髀也从尸別作骩肍

尻之會意皆从尻省

屎式眂切人糞也古亦通作矢又作𦳊

別作⿸尸囟⿸尸共詩云民之方殿屎則莫我敢葵毛氏曰殿屎呻吟也說文引詩作唸吚屎許伊切

尿息遺切小溲也說文尿人小便也从尾孫氏奴弔切按奴

屁居

弔切自有溺字人小便不當从尿

尻之龤聲

𡰣匹寐切气下泄也別作⿰米賁⿱穴氣宗

居九魚切坐也孔子謂子路曰女聞六言六蔽矣乎對曰未也曰居吾語女子張子貢言游侍縱言至於禮子曰居女三人者吾語女禮詩云不皇啓居皆謂坐也說文曰从

大司三五

兄

尸从古蹲也俗作踞从足又作凥說文曰処也从尸得几而止按居从尸無義蓋从人省或作层又居之切僧爲辭助詩云曰居月諸亦通作甘姬

人之疑

兄許榮許方許訪三切同生長曰兄少曰

兄說文長也从儿从口

兄之疑

兢　先

兢居陵切敬畏也書云兢兢業業詩云矜矜兢兢又曰戰戰兢兢說文曰競也从二兄競意丯聲一曰兢敬也

先穌歬切歬也歬後㠯位言先後㠯旹言立則有歬後行則有先後先之曰先去聲詩云予曰有先後孟子曰徐行先長者說文曰从儿从之从之不可曉

大、廿五

兟　臥　臨　伊

先之疑

兟所臻切說文曰進也从二先闕

臥吾貨切寢也說文曰休也从人臣取其伏也

臥之疑

臨力尋切自上臨下也臨哭曰臨去聲說文曰監臨也从臥品聲

伊於脂切商伊尹㠯爲氏又爲發語辭又

仍　代

伊水漢志出弘農熊耳山東北入洛說文曰阿衡伊尹治天下者𠈌古文从能

𠆫如陵切因也周禮曰凡吉事變凡凶事仍凡魯人爲長府閔子騫曰仍舊貫如之何何必改作說文曰乃聲又作扔說文曰因也又作㭁按乃於聲未諧

𠊱徒耐切更也又特計切迭更也今作遞說文曰弋聲徐鍇曰弋音近特徐鉉曰與忒同按弋於聲不諧

大、七十一

侵　便

佐七十五

侵七林切漸進㠯侵取也說文曰漸進也从人持帚若埽之進又上聲皃不颺也亦作寑

便毗連切順利毋習也書云愼簡乃僚無㠯便辟則媚語曰友便辟友便佞損矣孟子曰便嬖不足使令於歬與便習於耶僻者謂之便辟便利於辯佞者謂之便佞所便爲便厺聲利便便安便道便服之類是

也便斷安之故謂便安吏弄法者擇其便文法者爲之謂之便文吕便宜从人事者不中請故俗因吕便爲急速非也說文曰安也从叓人有不便叓之詩云平平左右亦是率从左氏傳引詩曰便蕃左右毛氏曰辯治也陸氏曰婢延切韓詩作便便閑雅皃也杜氏曰便蕃數也孔子在宗廟朝廷便便言唯謹尒鄭氏曰辯也

大、十六

兌

兌在易乾三索而旻兌八卦居一焉彖傳曰兌說也說文曰說也八几㕣聲徐鉉曰㕣古文兗非聲从口从八象气之分𢿱孫氏徒外切學記引說命皆作兌按說文㠯㕣爲聲蓋與學記同讀爲弋雪切徐氏从八口蓋用孫氏音而與㕣聲不𧮫故其爲說曲而不通又緜之詩曰行道兌矣毛氏曰兌成蹊也陸氏吐外徒外二切皇矣之詩曰松柏斷兌毛氏曰易直也陸氏徒外切按毛氏緣詩文而變與其說如松柏亦何易直之有疑皆當音悅行道兌矣商旅悅於塗也松柏斷兌

松柏悅茂也迭外之音則劦音也史記天官書中宮歬𠛱直斗口三星隋北端兑又曰曑下三星兑曰罰漢書作銳兑索隱曰曑形尖邪也按此則兑又呂芮切悅閱脫皆呂兑爲聲而銳稅悅蛻亦皆呂兑爲聲獨於迭外之音爲不諧但稅蛻亦有吐外之音蓋又銳聲之轉也

咎

咎其久切怨尤之甚者曰咎易之占五吉凶悔吝咎悔吝之疵在我咎則人咎之也

說文曰災也从人各相韋也又作愆說文曰怨仇也又作倃說文曰毀也又音臯臯陶一作咎陶

弔

弔多嘯切唁喪灾也說文曰問終也古之葬者厚衣之以薪从人持弓會敺禽按許氏之說甚迂僻書云惟弔茲不亏我政

人旻罷孔氏曰至也陸氏音的別作逗

件

件其輦切物別也說文曰分也从人从牛牛大物可分

秃

秃他谷切無髮也說文曰从人上象禾粟之形取其聲疑从人木

敳

聲譌爲禾

敳無非切說文曰妙也从人从攴豈省聲唐本在耑部曰敳見其耑也

孫奎謹校

六書故弟八

佐廿七

六書故

六書故

第九卷之十卷

人二、人三

何

[redacted]

六書故弟九

永嘉戴侗

人二

子

[篆]即里切象子初生之形[籀]籀文說文曰古文从巛象髮也籀文囟有髮臂脛在几上也因爲男子之通稱又爲五等爵之一借爲十二辰子丑之子

子之象形

呆

佐、冊九

𠈃呆博抱切嬰兒衣也象子在帬襦中别佐褓緥引之爲呆傅子之初生則有呆母以呆抱鞠養之所謂阿呆也長則置之師呆傅傳曰呆呆其身體令作𠋐又引之爲保安之保令作堡說文曰保从人从𤓽省𠈃古文孚𠋐古文保按說文又曰𤓽古文孚从呆𠈃古文保保既从古文孚孚又从古文保[illegible]鐠戾蓋𠈃與𤓽字相近故致[illegible]互百髞葆罦㠯𠈃爲聲桴莩浮㠯孚爲聲令皆从孚同此誤也又爲庸保

子　了　孨　孫

孑居桀切無一臂也引之爲孑孓孤孑說文又有孓無夕臂也孫氏居月切按孑不過取一臂單孑之義不當憂分夕又

孓盧鳥切夕又皆眜了肰獨立也

子之會意

孨說文曰謹也讀若𦐇

孫蘇昆切子之子曰孫子之系也故从子从系

亦作𢓰借爲孫順之孫去聲別作遜又借爲

大、五九

字

孫避之孫別作遜

字疾置切育子也子在宀下字之義也畜之牝者能字故謂牝字別作牸文字之字取馬獨文爲文合文爲字文母也字子也象形指事文居多諧聲會意皆字也又爲名字之字子生三月而名既冠而字敬其名也因名㠯生故謂之字

㐬　弃

子之轉注

㐬他骨切子生順如脫也象子下出說文曰不順忽出也从倒子易曰突如其來如不孝子突出不容於內也按子生必首先下許氏㠯順爲㐬葢不察其理如是則育與疏何㠯从𠫓

𠫓之會意

弃詰利切子生不育棄弃之也又作棄

棄加華馬弃糞壤也

小五九

育　疏

𠫓之龤聲

育余六切長養也亦通作鬻詩云鬻子之閔斯又作毓漢志育水出弘農盧氏縣南入沔有育陽縣別作淯

疏所葅切因其出而順道之也孟子曰禹疏九河語曰疏爲川谷以道其气因疏道而生疏通之義疏密疏數親疏之

孳

義皆由是而生今俗疏密之疏作踈說文無此字經傳共作疏又作疋說文曰通也𠧪謂之疏別作𤴱說文曰門戶疏𠧪也疏髮之櫛齒疏者曰疏齒密者曰比俗作梳笓又借爲粗疏之疏希之粗者曰疏希食之粗者曰疏食又所據切博雅曰條陳也

子之齘聲

孳子之切孳息也𡥿籀文書云鳥獸孳尾

孫　孺　孠

孔氏曰乳㠯曰孼陸氏曰音字僭爲孼孼之孼與孩同

𢀡戶來切子初生曰孫兒眆欲笑言動於𠈌頷又母㲲𠈌而咳之故謂之孫記曰子生三月咳而名之說文曰咳小兒笑也孩古文从子又作嗌孤

孺而遇切子幼弱也

孠祥吏切適子爲又後者曰孠又作𠁷許氏曰諸矦嗣國也从冊从口司聲孠古文徐鍇曰冊必於廟史讀冊故从口按古者天

孟　孽

子諸侯大夫之適長子皆曰嗣適子生國君㠯禮異於諸子不待冊而爲嗣矣傳曰嗣吉何建建非嗣也必待冊而後爲嗣此後世之所㠯致禍亂也非古也古者惟無適子與適子能肰後立嗣嗣之从冊吾無取焉耳

孟莫更切長子也

孽魚列切支子也本當用不字借爲妖孽之孽漢志虫豸之妖爲孽中庸曰國家將亡必有妖孽又作孼別作蠥說文曰禽獸蟲蝗之怪曰蠥

孿　孝　存　孤　孥

孿力沇切一產二三子也又佮孿又生患切非

孝呼效切善事父母曰孝說文孝在子部放也孫氏古肴切孝在老部善事父母也从老省从子子承老也孫氏呼教切按孝人子之達道非但事老也隸書既與交與步譌因分爲二字尒

存徂尊切撫在之也存在同聲

孤古乎切幼而無父曰孤

孥奴沽切妻子通曰孥書云予則孥戮汝

亦通作帑春秋傳賈季奔狄趙宣子使臾駢送其帑

孛

孛蒲妹切子倍其親也別作悖又蒲骨切子弗也別作誖星見而孛乎常因謂之孛子之疑

季

季居悸切少子爲季說文曰从稚省稚亦聲按稚之爲義與聲皆不妥季利皆从禾胎別有說

學

小三十四

𦥯胡覺切效也先人曰鳥獸之生也游者則狎於水而不溺蚤者則馳於野而不躓肰免於此而已矣人之生也自孩子不能求其母自是日進皆學焉而後能之無所不學則無所不能也故人子之道學爲大君父之道敎爲大古者子生十歲則入小學二十而入大學傳曰子旣生不免於水

火杀傅之罪也羈丱成童不就師傅父母之罪也就師學問無方心志不通身之罪也學之文所㠯从子也有大人之事有小人之事窮理致知盡己之性㠯盡人之性盡人之性㠯盡物之性贊天地之化育與天地參者大人之事也學大人之事之謂大學朱子曰學者所㠯明善而复其初也

謂學㠯明善可也謂學㠯憂其初則否夫
有失而後有憂人生而冡其知未启其明
未融在易乾之始雖有龍悳猶曰隱而未
見行而未成乾之同人曰學㠯聚之問㠯
辯之然後悳慱而㠯爲龍悳之正中焉雖
聖人不能無學也夫學也者所㠯明其明
而迪其知猶闢門塗而启牖鄉也何必曰

疑

女

憂亏說文曰斆覺悟也从敎从冂冂尚矇也臼聲學篆文按説命曰惟斆學半二字不可合爲一且學然後能覺學非覺也

疑語其切心所未決也引之則幾佀爲疑易曰会疑於昜必戰記曰尸在廟門外則疑於臣說文曰惑也从子从止矣聲徐鍇曰矣古文矢

女尼呂切人生昜曰男会曰女象其婉孌呂女妻人爲女去聲書曰女亏旹偕爲爾汝之

女尒呂切吾卬我台予人所㠯自謂也爾女而若所㠯謂人也皆一聲之轉亦作汝

女之象形

母

母滿鄙莫古二切又莫后莫假二切有子爲母取象於乳按古書母馬同音皆莫古切今世俗母馬同音皆莫假切淮南子曰西家子謂其母曰社說文曰蜀人謂母姐淮南謂母社又亝人謂母妳又謂婺吳人謂母媬雖方音不同皆自母而變今負有馬萯蚻有馬蚻薊有馬薊

皆其類之特大者葢母之譌也別去嫣文非又作姥非文子爲學老女爲母叜生爲蘇皆坐梁閒俗書妳又作嬭唐韻曰妳乳也詳見乳下

好

女之會意

𡚸呼老切女之少也美好故从女从子好者人斷好之故爲好惡之好去聲孔子曰吾未見好悳如好色者也又借爲肉好之好璧空爲好別作玻

娶 姓

娶七句切取女爲娶古亦單作取

姓息正切女所生也禮曰子姓兄弟春秋傳庚宗之婦人獻雉亏叔孫叔孫問其姓曰予子長矣能奉雉而从我矣人類之繫不可無別故各因其生而命之姓同姓曰繫不可無別故各因其承而命之氏傳曰天子建悳因生㠯賜姓胙之土而命之氏

姬姜嬀姒姚嬴妘姞所㠯皆从女鄭魰仲曰昔古文从生从自

娣徒禮切古之嫁女者㠯姪娣从娣者其女弟也姪者兄弟之女也傳曰衛莊公娶亏陳曰厲嬀其娣戴嬀生桓公亝矦娶亏魯曰顔懿姬無子其姪鬷聲姬生光自適而下因凡謂之曰娣又兄之妻曰姒婦弟

妥　嬰

之妻曰娣婦

妥吐火切从爫手撫女安之也禮曰主人及祝拜妥尸尸拜遂坐鄭氏曰安坐也詩云以妥以侑說文無妥字綏从妥徐鍇曰从爪从安省蓋不譌爲爪

嬰伊盈切女首飾也賏所以飾也亦聲別作瓔借爲嬰兒之嬰記曰中路嬰兒失其母鄭氏曰嬰猶鷖彌也別作瓔又借爲嬰當之嬰荀子曰

姕　母　毒

延則若莫邪之長刃嬰之者斷與癠通又作

攖 孟子曰虎負嵎莫之敢攖

姕說文曰訟也易曰二女同居其志不相

妟孫氏曰女還切

毋武夫切禁止也說文曰止之也从女有奸之者

毋之疑

毒度告切說文曰人無行也从士从毋賈侍中說秦始皇母與嫪毒

淫故㚔詬淫曰嫪毐讀若娭遏在切按毐音當从度古切毒㠯毐爲聲

始

女之龤聲

始詩止切有天地肰後有萬物有萬物肰後有男女有男女肰後有夫婦有夫婦肰後有父子有父子肰後有兄弟人道於女乎始故始从女月令蟬始鳴陸氏市志切集韻式吏切按今俗音猶有式吏之音者別作乨乨殆佁

姜　姬　嬀　姚

𡚱居良切神農氏之姓也其後爲𫝆甫申呂紀許向䓡

𡟉居之切黃帝氏之姓也周人實𡨋其姓

嬀居爲切有虞氏之姓也嬀汭嬀水之汭

嬀氏所居也地㠯人㝉名

𡛜余招切帝舜之後在夏爲姚𠀋氏傳少康逃奔有虞虞思妻之㠯二姚僭爲𦥑姚

嬴　姑

佐九字

之姚

嬴吕成切鄭語曰嬴伯翳卽伯益之後也秦

趙梁皆嬴姓

姞巨乙切傳曰鄭文公賤妾曰燕姞杜氏曰南燕姓夢天使與己蘭曰余爲伯儵余而祖也

后癸曰姞吉人后稷之元妃也又曰宋雝

氏女於鄭伯曰雝姞晉語曰黃帝之子旻

妘　姺

姓者十三人姞其一也周語曰密須由伯姞古本曰姞密須姓

妘王分切鄭語曰祝融之後八姓妘姓鄔鄶路偪陽韋昭曰陸終弟三子求言爲妘姓封於鄶今新鄭也鄔路偪陽其後別封也

姺傳曰商有姺邳說文殷諸侯爲亂者疑姓陸氏音典音禮二切孫氏所臻切

娍 媒 妁 嫁 婦

娍而融切商頌曰有娍方將帝立子生商鄭氏曰有娍氏之國有女簡狄生契

媒莫盃切合男女之交者也

妁市勺之若二切酌二姓之合者也

嫁古訝切女適人也

婦房九切未嫁曰女嫁曰婦亦借用負漢高祖从武負貰酒劉向列女傳曰魏曲沃負者大夫如耳之母也

嬪　妃　嫓　嬙

嬪毗賓切配也書云釐降二女于嬀汭嬪于虞詩云來嫁于周曰嬪于京周官吕九職任萬民七曰嬪婦以治絲枲記曰生曰父曰母曰妻死曰考曰妣曰嬪

妃芳微切匹配之尊稱也傳曰嘉耦曰妃

嫓匹寐切猶配也又頻脂切猶嬪也

嬙才良切傳曰有先君之適及遺姑姉妹

媵娠

苦而人君使董振擇之吕備嬪嬙又曰夫差宿有妃嬙嬪御說文曰婦官也嬙省聲

媵吕證切吕子女从嫁也

娠失人切又音震說文曰壬身動也古作震詩云載震載夙載生載育傳曰邑姜方震太叔婦人經事不行始衃三月而動始有形故謂之震

嫗　媼

嫗衣遇衣倨二切　母俯皃也聲義與傴近記曰煦嫗覆育萬物又曰羽者嫗伏鄭氏曰气曰煦體曰嫗　亦通作燠傳曰民人痛疾而或燠休之母所以謂之嫗也又委羽切　說文曰母也

媼烏皓切　母之別稱也趙左師觸龍謂太后曰媼之愛燕后賢於長安君漢書曰高

帝母璽媪又曰高祖常从王媪貰酒說文曰女老稱侗謂媪卽嫗聲之轉也昷於聲不龤

姁

𡡉況遇切又吁上二聲史記曰呂娥姁爲高祖正后說文曰嫗也徐廣曰后姊字長姁按姁與欨煦通呂氏春秋曰姁姁然相樂也

孃

𡢾女良切俗謂母孃亦㠯謂王母說文曰煩擾也

娘

𡢾音同俗謂少女娘孫愐曰娘少女也一曰肥大也

姊　　　　姑　妣

妣卑履切母沒稱妣妣籀文

姑攻乎切又之姊妹曰姑引之則外婦人之尊者皆曰姑夫之母妻之母皆曰姑記曰舅姑承子以授壻古晉家與姑同故俗謂姑爲家僭爲姑且之姑書云姑惟教之詩云我姑酌彼金罍

姊將几切女兄也又將野切俗作姐

妹 婿 姪

妹莫佩切女弟也

婿云貴切楚人謂妹婿卽妹聲之轉也

姪迏結直吉二切婦人謂兄弟之子曰姪

喪服傳曰姪丈夫婦人報又曰謂吾姑者吾謂之姪旾秋傳曰姪其从姑古之貴者嫁女必㠯姪娣从姪娣之幼者待秊曰須

昜壹侌貳天之道也男子多欲婦人妒同

人之情也婦人三十容皃改肯男子五十血气未衰故女專於始而男溢於後女專則繼孠之道塞男溢則僭逼之害興室家之外常必由之故先王爲制其衷皆於其始而爲之極度人一妻自是吕上妾媵有媵賸者有娣而又有姪又有待年之女一娶之初長幼兼備雖缺不憂補所吕足男

大曰九十二

欲而杜其溢求繁女佚而絕其妒僭也又作妷今人謂兄弟之丈夫子亦曰姪非也古者兄弟之子皆曰子漢書疏廣與其兄子受以子同爲師傅

姒

姒詳里切長婦爲姒婦尒婦爲娣婦喪服小功娣姒婦報傳曰娣姒婦者弟長也兄弟之妻相謂皆曰姒傳曰聲伯之母不聘穆姜曰吾不㠯妾爲姒聲伯之母公弟叔

肸之内也叔向取申公巫臣女生伯石子容之母謁諸姑曰長叔姒生男爾雅曰女子同出先生爲姒後生爲娣又曰長婦謂稚婦爲娣婦稚婦謂長婦爲姒婦鄭氏曰女子同出謂俱嫁一夫也㠯生先後爲娣姒廣雅曰娣姒之别不㠯夫之長幼㠯婦人之長幼按爾雅謂婦人同出者言女同所出而俱从於嫁則長爲姒而幼爲娣也謂長婦稚婦者言兄弟之妻也同事一夫㠯齒爲長弟可也兄弟之妻焉旻㠯齒爲長弟兮如皆㠯齒則弟之婦亦可謂兄之妻爲娣矣兄弟之妻自相号呺而亦曰娣焉則嫌

兮吕爲己姪娣也故兄弟之妻可謂之娣婦而不可單謂之娣其相謂則皆曰姒而別之吕叔伯穆姜謂聲伯之母爲姒叔向之嫂謂叔向之妻曰長叔姒是也説者惑於弟婦之稱姒遂謂吕婦之長幼爲娣又姒而不吕夫之長幼不亦亂名也哉

夏后氏之姓姒 別作姒

嫂 穌老切兄之妻也

姨 吕脂切妻之姊妹也

嬸 式荏切今人謂叔母曰嬸

嫂 姨 嬸

㜗　姆　婣

㜗巨禁切今人謂舅之妻曰㜗亦作妗說文曰妗㚷也孫氏丑廉切妗㚷也一曰善笑皃孫氏火占切

姆莫后切女師也別作娒

婣伊眞切嫁娶之家相謂曰婣周官呂鄉三物敎萬民二曰六行孝友睦婣任恤鄭氏曰親於外親也古通作因亦作姻爾雅曰壻之父曰婣婦之父曰婚說文曰婦家曰婚壻家曰婣按內婦呂昬故謂昬禮昬壻家事也安旻反謂婦父

婆娑婢嫠孀

爲昬古人益通謂之婣

婆薄波切說文作媻奢也一曰小妻也徐鉉曰俗作婆非今人謂老嫗爲婆

娑桑何切說文曰舞也詩云婆娑其下盤薄舒椒皃

婢部弭切妾之賤者也按今又謂婢曰娫字書皆無此字

嫠陵之切寡婦也

孀師莊切俗謂寡婦

姿

姿卽移切女資態也又作姕說文曰婦人小物也孫氏音同

媛

媛于元切美女也詩云展如之人兮邦之媛也楚辭曰女須之嬋媛又于眷切

娥

娥五何切美女也列子曰處子娥媌靡曼者又曰處子娥姣者說文曰秦晉謂好曰娙娥堯女娥皇字也娙長好也又莖切媌目裏好也莫交切張湛曰娥媌妖好也

娃

娃烏瓜切美女也說文曰圜深目皃一曰吳楚之閒謂好曰娃按

妙 嬓

小日十一

深目當佺室

妙彌笑切姿色殊美纖妙也妙好嬓嫵之屬皆从女人情所說莫甚於女也引之爲微妙之妙易曰神也者妙萬物而爲言也說文無妙而有玅急戾也从弦省於霄切孫愐㠯爲妙之別文

嬓毋鄙切善笑也周官師氏掌㠯嬓詔王又佺媄說文曰色好也

姸　妹　嫣　娩

姸倪堅切笑也

妹陟輸尺朱二切好也詩云靜女其姝又曰縈絲紕之良馬三之彼姝者子何以畀之不獨以稱婦人毛氏曰順也又佁姣說文姝姣皆好也

嫣於虔許虔二切巧笑態也說文曰長皃

娩武遠切記曰姆教婉娩聽从鄭氏曰娩之言媚也婉謂言語娩謂容皃

婉　孌　婐　婧

婉妟遠切宛順也又佮妴說文曰婉也又佮娩說文曰宴娩也按詩燕婉之求亦佮婉

孌力沇切順从皃詩云婉兮孌兮又曰孌彼諸姬又曰恩孌季女逝兮孌與孿孌聲義相通也說文孌兩出孌慕也又嬡順也㠯孌爲籀文

婐烏果切嫷他果切又奴果乂果二切婐婧宛孌隈倚之皃婐通佮果孟子曰被袗衣鼓琴

妥

二女果趙岐曰侍也又作婑荀子曰稺齒婑媠者媠又作𡝩說文曰婐𡝩也一曰女侍也讀若騧或若妥引孟子作二女婐𡝩婐𡝩也一曰弱也嫷从女隋聲南楚之外謂好曰嫷徐鉉曰今俗省作媠唐韻作妥非

妥隖毀切宛妥不自持皃𠂹省聲說文曰委隨也从女从禾徐鉉曰委曲也取禾穀𠂹穗委曲皃按妥从禾無義鍾鼎文皆作妥乃从𠂹省譌爲禾也引之爲妥靡爲妥置又所妥之物爲妥亦聲周官遺人掌邦之委積㠯待施

嫋　嫵　媚

惠謂禾穀之類也委人掌斂野之薪芻凡疏材木材凡畜聚之物謂薪芻之類也鄭康成曰少曰委多曰積又因之爲委遲委隨委它委㐺亐聲別作逶倭頹

嫋乃了切脩纖萎弱嫋嫋也與裊通

嫵罔甫切姿媚也別作娬

媚明祕切女爲容悅也

娛 媆 嬌 姹 姱

娛元俱切驩悅也與虞通或作愚說文曰歡也

媆奴困切穉弱也說文曰好皃徐鉉曰俗作嫩非

嬌居妖切女怙恃驕渟也

姹丑下切又作奼說文曰少女也又嬉姹作態也

姱枯瓜可孤二切楚辭曰朝歙木蘭之隊露夕餐秋菊之落英苟余情其信姱又曰汝何蹇博而好脩紛獨有此姱節說者曰美好也

嫮　嬋　娟　妖

嫮胡故切楚辭曰朱唇皓齒嫮呂姱反騷曰知衆嫮之嫉妒又作嫭楚辭曰嫮目宜笑朱子曰嫮與嫮同眄也

嬋市連切又作嬗娟於緣切亦作嬛嬋娟古作蟬媛

妖於喬切豔冶也古通作夭詩云桃之夭夭夭冶笑蠱惑故引之爲妖孽傳曰天反

昔爲災地反物爲妖別作𡝩祅䄏訞

姣

姣古巧切巧黠也傳曰弃位而姣不可謂貞說文曰好也杜氏曰淫之別名

姤

姤古候切男女相遇也易曰姤遇也柔遇剛也

妝

妝側羊切說文曰飾也又作娤糚裝

嫫

嫫莫胡切說文曰嫫母都醜也

嬖　娭　姍　嫌　妨

嬖卑義切寵愛也

娭虛其切戲也又作嬉又作嫛說文曰說樂也又作誒楚辭曰誒笑狂只又去聲與戲通

姍所晏切戲侮也說文曰誹也誹當作訕

嫌賢兼切疑佀也男女之閒嫌疑爲多說文曰不孚於心也一曰疑也或作慊見歉下

妨敷防切女專妨他進也

妒　婪　奸　妄

妒都故切。女忌同也。别作妬妒。

婪盧含切。貪怙也。女悳無猒故从女。亦作惏又作惏。

奸居顏切。男女干踰也。又作姦。說文：奸，犯淫也；姦，私也。姦古文。

妄亾放切。行不正也。从女，女多邪也。易曰：无妄，往吉。无妄之災。无妄之疾。孟子曰：此

嬈　嫪　婼　娵

亦妄人也莊周曰猖狂妄行呂僞訓妄非也僞者妄之一端

嬈尒沼切煩繞也漢書曰除苛解嬈說文曰苛也一曰擾戲弄也一曰亂也煩也文穎曰煩繞也師古曰如紹切

嫪郎到切戀也說文嫪媢也媢胡切誤嫪也孫愐曰媢嫪戀惱也

婼丑略切晉秋有叔孫婼說文曰不順也

娵側鳩子須二切傳曰歲在娵訾之口室

壁之舍亦之辰也

婺

婺亾遇切玄枵之次有婺女星說文曰不繇也

嫳

嫳匹滅切昔秋傳𡰥有盧蒲嫳說文曰易使怒也

妯

妯敕雷切詩云憂心且妯毛氏曰動也又直雷切孫氏迖歷切按詩妯與州猶𠢕孫音非說文引詩作怞朗也又仲六切兄弟之妻相謂妯里里亦作娌

妢

妢扶云切考工記曰妢胡之笴

妡胡戒胡計二切楚語曰妡與讒慝爾雅曰苛妡也說文曰妒也韋昭曰覂也

嫈蜎營於莖二切漢有繚嫈矦說文曰小心態一曰好皃

嫄愚袁切詩云厥初生民旹維姜嫄鄭氏曰炎帝之後有女名嫄說文曰后稷母字按周人㠯諱事神不應廟祀而名之且姜嫄不應特柵一字㠯爲名字

婤　姶　媧　妲　姅

婤職流切姶𣪠戈烏合二切春秋傳衛襄公孌人婤姶說文曰女字也

媧烏瓜切女媧氏之說出於削禦寇其說妄不錄

妲當割切晉語曰殷辛伐有蘇有蘇氏㠯妲己女焉

姅博慢切女月事至也漢律見姅變不㝵侍祠古者天子諸矦嬪婦吕敘御亏夫君

有月事者呂丹注面的的王粲神女賦曰免先笄牠䇶的說文曰婦人污也孫愐曰傷孕也女之疑

妻

𡜊𡜊千西切夫之正室曰妻說文曰婦與夫亝者也从女从屮从又持事妻職也𡚸古文按鍾鼎文妻从亝蓋亝聲呂女妻人曰妻去聲

妾

𡚴七接切側室也妾有貴賤古之貴者媵

妾　威

必有姪娣諸侯娶於一國與國㠯姪娣从
他國亦㠯女媵自正室而下皆妾也此賫
妾也記曰奔則為妾若此者賤妾也說文曰有罪女子給事旻接於君者也从辛辛罪也接有罪漫入者曰奚曰婢妾非有罪者也从辛不可曉疑夫聲譌為辛妻之為言亝也妾之為言接也此說幾佀實非本義

威於非切經傳為威武為威儀說文曰姑也从女从戌漢律曰婦告威姑

大司三十

云

倿　婁

倿乃定切口才巧給也語曰惡倿恐其亂義也又曰馬用倿禦人己口給屢憎於人說文曰巧讇高才也从女从信省伯口从女仁聲詳見仁下

婁洛𥎦切說文曰空也从毌中女空之意也一曰婁務也𡟩古文按婁有數音詩云子有衣裳弗曳弗婁力俱切毛氏曰婁亦曳也馬氏曰牽也曷駟曰挽使申也公羊氏曰半馬維婁何休曰繫半曰婁陸德明力主切又辰之次曰降

妟　大

婁其壘奎婁力㒹切春秋郪國亦号郪婁凡夷言多㠯兩言爲一言郪婁之合从力俱切者爲郪从力㒹切者爲鄒又牝豬爲婁豬春秋傳曰既定尒婁豬盍歸吾艾豭又浪遇切古用爲屢頌曰婁豐秊

說文曰从女日詩曰㠯妟父母孫氏烏練切按宴匽㠯此爲聲

大大特柰切又特計唐个二切象人三爻舒展

大日四六　云

引之則凡慱大者皆謂之大說文大介分二部大古文天大地大人亦大故大象人形孫氏辻葢切介籀文亦象人形孫氏他達切按古文籀文特字勢少差許氏一字而分二部已非孫氏又別其音尤非也公食大夫禮羞庶羞皆有大贊者辯取庶羞之大呂授賓鄭康成曰大呂肥美者特爲臠所呂祭也

大之象形

夨

夨阻力切頃夨也象人頃頭

㚖　奊　夭

夨之諧聲

㚖古屑切說文曰頭傾也

奊春秋傳晉有慶奊字緦說文曰頭衺骫奊態也陸氏戶結切吕圭聲推之恐陸氏之音非

夭依小切象人頸項夭嬌也僭爲夭折之夭少亾爲夭又乎聲僭爲夭芺之夭詩云桃之夭夭毛氏曰少壯也說文引詩作枖木少盛皃語曰子之

幸

小六十五

燕居夭夭如也馬氏曰和舒之皃又烏皓切僭爲胎夭之夭詳見麇下

夭之疑

幸胡耿切禍不當㝵而㝵禍不當免而免曰幸引之則不㠯道而獲變於上者謂之孽幸倖幸上所行臨臣民幸其至因謂之幸說文曰从夭从屰免凶而吉也夭死之事故死謂之不幸

尢　尲　尥　尰

尢烏光切象人脛曲跛也亦佮尫王聲說文曰尪古文

尢之諧聲

尲古咸切尲尒不著次弟也尒亦佮尬

尥力弔切說文曰行脛相交也按令人謂筋骨弱鬆足不隨爲尥掉

尰豎勇切詩云既微且尰尒勇伊何爾雅

褢　䘙　交　太

曰骭瘍爲微腫足爲瘇別作𤻮𩪋瘇

褢都賄切䘙吐猥切風瘊胻病也按方書止作猥遈

交加爻切象人兩脛交引之則凡交會交接皆曰交

太力入切象人太地上

太之指事

㚘

㚘蒲䣖切兩人比夫也引之爲㚘緣之義蒲浪切季曰又音蒲半切郎俗伴字

㚘之疑

替

暜他計切隤廢也書曰無暜厥服曰無暜朕命傳曰兄其暜号曰王暜隗氏又曰上陵下暜孔氏杜氏皆曰廢也唐本說文曰廢也徐本曰廢一偏下也白聲或从甶或从兟俗作替

小四五

立之諧聲

端

端多官切立之凝㠯正也偕爲端匹之端凡帋帛一丈六尺曰端二端爲匹爲兩又偕爲兩兩端端緒之義

靖

靖疾郢切班立整定也書曰嘉靖殷邦詩云俾予靖之傳曰君務靖亂靖與靜同音而異義靖者靖之於未定靜者定

竦　奇　竱

而後靜也說文靖立竫也竫亭安也音同又婧竦立也

竦息共切危立也與悚通

奇居宜切一足立也別作踦見足部引之爲奇

耦昜奇而侌耦一三五七九爲奇二亖

六八十爲耦又因之爲奇衺奇詭常也

又因之爲奇偉奇特渠羈切

竱旨兗切立之丝也語曰竱本肇末

埈　埭　埸

埈七倫切又壯倫逡緣二切語曰有司已於事而埈爾雅曰退也按埈退去也說文曰偓埈也或曰伏皃

埭力至切說文曰臨也按書傳皆借用涖亦借用莅易曰君子吕莅衆用晦而明

埸渠剛切說文曰負疌也按書傳通用爲埸盡

㚀亦

之竭

㚀丘羽切說文曰健也一曰匠也

亦羊益切說文曰臂亦也亦作腋因之爲扶亦扶者扶其手亦者亦其亦亦作掖又僭其聲爲又亦之亦又與亦聲相通也今人呼音如也

亦之疑

夾　夾　夳

小四十五

夾說文曰盜竊褱物也从亦有所持俗謂蔽人俾夾是也失冉切弘農陜字从此

大之會意

夾古洽切二人夾一人也又吉劦檄頰二切

大之龤聲

夳丕據切韋離而徃也屏夳之曰夳上聲

⿰大曷　奢

又丘居切傳曰千乘三夻三夻之餘獲其雄狐

夻之龤聲

⿰大曷丘竭切詩云庶士有⿰大曷毛氏曰武壯皃又曰伯兮⿰大曷兮邦之桀兮說文曰夻也按⿰大曷从夻其義當與夻相近然詳詩意不見但云夻毛公所㠯釋爲武壯皃也

奢式車切侈大也

夸　奓　奕

小五十九

夸苦瓜切張大衒耀也又作誇夸於言也又作⿱大言⿱大丰侉恗

奓昌者切莊周曰奓戶而入大⿰户攴也又陟加切

奕羊益切廣大開張也詩云奕奕寢廟又曰奕奕梁山毛氏曰大也又曰三牡奕奕又曰萬舞有奕又爲重絫傳曰奕世載悳不忝歬人

耎　奎

耎而沇切罷弱也說文曰稍肖大也讀若畏偄又作軟漢書曰罷軟不勝任按今俗通用軟字从車从欠於聲義皆不可通又作偄腝恨輭輹炪非緐悶耎弱皆作耎又奴亂切按需有濡音與耎相近故多差互从耎者多譌爲需愞腝渜擩之類皆當从耎

奎苦圭切說文曰兩髀閒也莊周曰豕蝨擇奎蹏曲隈乳閒自己爲安室利處又借爲二十八宿名

大九十三

戴　奭　𡘋　夫

戴直質切 說文曰大也讀若詩戴戴大猷

奭詩亦切 說文曰盛也从皕皕亦聲召公名奭讀若郝奭古文詩云路車有奭 毛氏曰赤皃

𡘋乙獻切 說文曰大皃或曰拳勇字一曰讀若儁乙獻切

大之疑

夫甫无切男曰夫女曰婦 說文曰丈夫也从大一一吕象先周制八寸爲尺十尺爲丈人長八尺故曰丈夫 又防無切有所指

㚘　規

之辭語曰夫三子者曰夫人不言又爲辭

助語曰莫我知也夫又曰已矣夫

夫之會意

㚘薄旱切說文曰竝行也輦从此讀若伴侶之伴

夫之疑

規堅隨切方曰巨圜曰規說文曰有灋度也从夫从見

大八十七

夰　夲　𠦬　奏

夰說文曰放也从大而八分也孫氏古老切

夲說文曰進趣也从十猶兼十人也讀若滔孫氏偷勞切

夲之龤聲

𠦬說文曰疾也从本卉聲捧从此孫氏呼骨切按捧𠦬聲𠦬卉聲孫音非

夲之疑

奏則候切書曰敷奏以言孔氏曰進也又曰奏庶艱食鮮食孔氏曰奏謂進於氏又曰敷同曰

大八十二

奏罔功孔氏曰進於無功也詩云樂具入奏又曰旣簡乃奏曰各奏尒能周禮曰㠯晉鼓鼓金奏鄭氏曰金奏謂樂作擊編鍾記曰要其節奏鄭氏曰節奏闋作進止所應也趙簡子問無恤亦其簡出諸袖中而奏之說文曰奏進也从夲从収从屮屮上進之義𡴅𢦍𡗜古文侗謂从収𢍏省聲按奏雖有進義孔氏專訓進謂叓進㠯言已不足㠯盡叓奏之義謂進食於民謂曰進於罔功則愈差矣謂奏樂爲進

樂可乎吕作訓進於奏樂粗通肰亦未足吕盡其義也夫所謂金奏者九夏之屬樂之威者擊編鍾也作者樂之始作也奏者先始條理畢奏肰後謂之奏奏蓋有湊意故詩曰樂具入奏旣備乃奏傳曰金奏作於下奏不可訓作也叓奏吕言者使各發陳其緼猶奏樂也奏艱食鮮食者謂登采粒食魚鼈之類猶奏樂也奏功奏書皆此義也　又爲奏理千侯切禮曰載體進奏亦作腠詳見腠下

皋

皋古勞切周禮曰詔來瞽皋舞　說文曰皋气皋白

之道也从夲从白引周禮皋舞皋告之也禮祝曰皋登歌曰奏故皋奏皆从夲

按禮外屋而号曰皋杲戛又爲皋緩傳

曰魯人之皋

夷

夷㠯脂切展足𠀠坐也說文曰平也从大从弓東方之人也

按从弓無義疑㠯聲語曰原壤夷俟書云乃夷居弗

事上帝神示別作跠𡰥引之爲坦夷平夷詩云

岐有夷之行老氏曰大道甚夷別作侇詩云

我心則夷又曰既夷既懌別作恞僭義爲夷

傷易曰明入地中明夷傳曰察夷傷別作痍銕

又爲蠻夷東方曰夷亖方夷狄通亦曰夷

又書云宅嵎夷別作鍝銕

奄

奄依檢切書云奄有亖海孔氏曰同也又曰奄

甸萬姓詩云奄有亖方毛氏曰大也又曰奄受

北國毛氏曰撫也又曰奄有龜冡遂荒大東鄭氏

奚

曰奄䨺也荒奄也又曰奄觀銍艾鄭氏曰久也說文曰䨺也大有餘也又欠也从大从申申展也按奄有䨺冒之義訓大訓同訓欠非又乎聲

周官酒漿醓醢之屬用女奚者皆用奄鄭氏曰奄精气閉藏者今謂之宦人月令曰其器閎以奄又國名書序曰

成王東伐淮夷遂踐奄

奚胡雞切周官酒漿醓醢之事用奚鄭氏曰古者从坐男女沒入爲奴其少才知者㠯爲奚今之侍史官婢或曰奚宦女說文曰大

大八六

腰也緣省聲緣籀文系說文別有媛字女隸也又假借之用

與何同奚何胡曷一聲之轉其義一也

孫夆謹校

六書故弟九

六書故弟十

永嘉戴　侗

人三

𩠐

𩠐𦣻書九切自領而上通曰𩠐象形亦作䭫頁从人𩠐之所向爲𩠐厺𣪊說文𩠐百頁分三部百頭也象形𩠐古文百也巛象髮頁頭也从人𩠐从人古文䭫百如此孫氏胡結切按𩠐之爲百猶孚之爲子頁之加人猶靁之加雨說文俱訓頭不當分而爲三說文頁訓頭𠯑爲古䭫𩠐之

大九十

𦣻未嘗有他音孫氏胡結之音非也李陽冰亦謂頁音𦣻不當音頡況自有頡字而頁無他義古今書傳未嘗有用頁字者凡頭顱顛項類額之類屬乎𦣻者俱从頁頁之卽爲𦣻明甚予故合而一之

𦣻之象形

面

囬彌箭切𦣻之易眉目口鼻所聚也說文曰顏歬也凡兩相遇而還其面不肎眂者因謂之面史記項王顧見呂馬童曰若非吾故人

兮馬童面之亦作偭楚辭曰偭規巨而改錯又曰偭梟獺㠯隱処

靦

面之會意

靦他典切說文曰面見也詩云爲鬼爲蜮則不可㝵有靦面目眂人网極毛氏曰姡也說文曰姡面醜也古活切語曰余雖靦然而人面哉吾猶禽獸也按詩意爲鬼蜮則其形不可㝵見斷人靦然面

目眂人网極收何顏吕逃也面見之說惟允或吕靦爲慙亦非別作𩈃𩉂䩄𢝫說文曰青徐謂慙曰𢝫㤩非

靨

面之龤聲

靨於琰於劦二切頰旁窊窊也淮南子曰靨䩉在頰則好在顙則醜高誘曰靨䩉在頰上窒窒者

𦣻之會意

須

須相俞切口頰旁毛也谷閒曰頾頰旁曰冄通曰須別作鬚僭爲須待之須易曰需須也通亦作需別作嬃別作媰古者嫁女姪娣之幼者待季而行曰須易曰歸妹㠯須反歸㠯娣其徃也幼反則長也故𡋯亦有須女別作嬃漢書呂后之妹呂嬃陳平樊噲傳作須

須之龤聲

大日六十七

小四十五

頿

頿即移切谷閒須也別作髭

頃

頃去營切側頭也从匕从頁側之義也別作傾加人非引之則爲頃陂頃危別作隫因之爲俄頃言頃首之閒不多旹也俗爲頃畝之頃百畝爲頃皆上聲一說二百畝別作⿰畝頁

頪

頪呼內切奴水呂頪首頪之義也亦作靧

頹

頹徒回切首禿也亦作穨

煩　顯　𥄉

煩附袁切頭熱痛如燔也一說樊省聲引之爲煩擾煩勞傳曰寡君來煩執事又曰至於煩乃舍也已

顯烏𠬛切𠬛頭水中也𦣻之轉注

𥄉古垚切𦣻到縣也今僭用梟

𥄉之會意

縣

小八字

縣胡涓切県而系之縣之義也別作懸偺
爲縣鄙之縣去聲周官小司徒井牧田
埜亖井爲邑亖邑爲丘亖丘爲甸亖甸
爲縣遂人掌埜造縣鄙形體之法五家
爲鄰五鄰爲里亖里爲酇五酇爲鄙五
鄙爲縣小司徒之法井地法也遂人之
法居民之法也六遂之民分耕邦甸肰

亦必有聚落居邑故以人制數與六鄉同遂之縣眂鄉之州周衰王制始紊楚滅諸國皆以爲縣晉之縣亦大楚有縣公晉有縣大夫趙鞅誓師曰上大夫受縣下大夫受郡縣大於郡也杜氏曰周書作雒篇千里百縣縣有三郡秦人始以郡統縣令以州統縣其廣陿無制焉

小二十六

纛

頭

縣之龤聲

纛辻到切羽葆也周官大喪鄉師執纛御匶鄭司農曰羽葆幢也秦漢天子之車黃屋左纛蔡邕曰吕氂牛尾爲之大如斗

𦣻之龤聲

頭度侯切𦣻自髮吕上爲頭記曰頭有瘍則沐傳曰荀偃生瘍於頭

𩑔　顱　顛

𩑔达谷切顱洛乎切𩑔顱頭骨也又作髑髏亦稱頭盧髑髏之急言爲頭皆一聲之轉也

顛都年都因二切頭之上爲顛引之則山有顛木亦有顛凡高之所極皆曰顛別作巔傎顚顛槇因之爲顛踣顛覂別作蹎說文曰跋也又作𧽭說文曰走頓也顛覂則首反居下故又因之爲顛到

頂　顙　頟　題

亦都令切别作傎穀梁氏曰晉文之行事爲已傎矣狂易者反
常故亦謂之顛别作巔
頂都挺切顛頂聲義相通亦作𩕄
顙穌朗切頟上爲顙
頟五格切髮之下眉之上爲頟亦作額引
之爲剛虐之義書云罔晝夜頟頟
題杜奚切頟也孟子曰榱題數尺爾雅曰楄謂之

㯹顛頷也按㯹顛猶今言椽頭㯹顛數尺言其亐之深也漢梓宮黃腸題湊蘇林曰㠯柏木黃心致纍棺外木頭皆內向故曰題湊凡表志者物揭而署其首因謂之題署題扁春秋傳宋人享晉侯㠯桑林之樂舞師題㠯旌夏謂㠯旌夏揭而先之也記曰南方曰蠻雕題交止鄭氏曰雕文謂刻其肌涅㠯丹青題義未詳詩云題彼脊令毛氏曰題眡也鄭氏曰題之為言猶睇也陸氏大計切

顏　頻

顏五姦切自頞逵亏顙爲顏詩云揚且之顏（毛氏曰額角半滿也）史記漢高祖隆準而龍顏（應劭曰額顙也）素問曰心熱病者顏先赤引之爲顏色之通稱（別作顔）

頻步賓切眉目之交也孟子曰仲子頻顣又作矉莊周曰髑髏深矉蹙頞又曰西施病心而矉其里深頻者深蹙其眉目也（通俗

頞　頄

書曰戲頞曰矉按莊氏言㴱矉戲頞若如通俗書之說不當言㴱矉而憂言戲頞矉吕㴱言又从目其義可見或作顣嚬竝非說文有頞而無頻其說迂僻是無理僭為頻數之頻易曰頻憂厲又曰頻巽吝

頞烏葛切鼻莖也又作齃又作⿰鼻頁

頄渠追渠爰二切面頰骨也易曰壯于頄又作頯又通作權又作顴⿰鬼頁翟氏曰頄面權頰閒骨也鄭氏作頯夾面骨也說文曰頄九逵道也侶龜背故謂之頄頄高也故从𦣻頯權也按爾雅九

頰　頪　顄

達謂之達亦僭作𡹬許氏不知其爲假借故爲之曲說如此

頰古劦切面旁也𩓨籒文

頪補講切自本也又補孔切

顄胡感切㔾當含物處也又作頷頷傳曰迎于門者頷之而已謂俯頷荅之也又胡男胡勘二切又作噸說文曰顄頤也噸顄也顉低頭也蓋誤㠯顉爲低頭伯曰㔾古文顄詳見齒部

顋　頓　頸　領

顋桑才切頷頰也古單作恩

頓之肖切䌦問曰齒痛頓腫說文曰頭頡頓也讀若骨

呂䌦問考之當在頷頰

頸居郢切頭莖也

領良郢切頸之後曰領引之則衣當領者亦曰領山之中伏亦曰領別作嶺振衣者提其領而皆隨故因之爲要領統領領略

項　頌　碩

項胡講切頸也頤下曰項

頌余封切皃也漢書魯徐生善爲頌唐生褚生應博士弟子選摳衣登堂頌禮甚嚴又作頟僭爲雅頌之頌僭義奪亞義故頌皃反僭用容内之容伯氏曰詩序云頌者美盛德之形容也止當讀如字

碩常隻切大首也通作石詩云碩鼠碩鼠無食我黍謂鼠

顒　頒　願

之碩大也說者吕爲五技鼠別去鼯字非也五技乃鼯鼠善緣木鮮食禾黍

顒魚容切𦣻⿱𥫗自端大也詩云亖牡脩廣其大有顒又曰顒顒卬卬易曰有孚顒若

頒扶云切說文曰大頭也詩云魚在在藻有頒其𦣻又符還切借爲匪攽之頒與攽班通

願魚怨切說文曰大頭也借爲願欲之願亦作顯說文曰

頑　顆　頎

顚頂也

頑五還切說文曰梱頭也按頑頭少髮寡廉也故頑無廉恥頑不可訓者皆謂之頑孟子曰聞伯夷之風者頑夫廉

顆苦果切說文曰小頭也凡圜物呂顆計

頎渠衣渠斤二切頭[illegible]直皃也詩曰碩人其頎又曰頎而長兮說文曰頭佳皃唐本作頭佳誤又廉

顅

狽切記曰頎乎其至也陸氏曰惻隱也考工記曰輈欲頎典鄭司農曰讀若貇殄康成曰堅忍皃

顅苦閒古顏二切頸脰細長也考工記曰數目顅脰謂之羽屬莊周曰甕盎大癭說亝桓公公說之而眡全人其脰肩肩肩卽顅也說大癭者故反眡全人其脰太細長也說文曰狽眡也

顧 顧古慕切還眡也

頓 頓都困切下首也又辻困切偕爲鈍之頓與鈍通

𩠻 𩠻康禮切扣首也拜而首至地曰𩠻首下首曰頓首通作稽頓首今之揖也稽首今之拜也

頗 頗滂禾切頭偏也又上聲微偏也又與陂

通彼義切洪範曰無偏無頗遵王之義唐明皇改爲陂

㥿食閏切說文曰理也伯曰察人情并順者眂其頭項从者皆肎不从者彊項也

頡胡結切說文曰直項也詩云燕燕于飛頡之亢之又詰黠切漢高帝吕其丘嫂獻客昜爲䍠盡轑釜故其子信爲䍠頡侯與

小八

戛通

顫

顫之繕切頭振搖也淮南子曰寒者顫愳者亦顫呂氏春秋曰天下顫恐又舒延切莊周曰鼻徹爲顫前禦寇曰鼻之所欲向者椒蘭而不㝵齅謂之閼顫

龥

龥竿戍切殡省号呺也書曰率龥眾戚又曰無辜龥天亦作籲

頩　奡　頍

大日北三

頩普經補經二切盛气滿容也楚辭曰玉色頩以滿顏又作艵說文曰縹色也宋玉賦曰頩薄怒以自持

奡五到切彊項也

頍犬弭切詩云有頍者弁毛氏曰弁皃按禮緇布冠缺項康成讀缺爲頍冠無笄者用頍以組冂頭以繫冠缺其當項處以係繫束也弁有笄不用頍故毛氏直緣詩辭以爲弁皃說文曰頍舉頭也

顦 顇 顑 顲 ⿰霝頁

顦慈焦切顇秦醉切憂嬪萎⿰女卒也顇與⿰女卒通亦作憔悴按顦顇見於顏面从頁爲正

顑苦感古憾二切飢而面黃虛浮之皃楚辭曰長顑頷亦何傷說文曰顑爲食不飽面黃起行又曰頷爲面黃非

顲盧感切顲顑面虛浮皃

⿰霝頁連丁切說文曰面瘦淺⿰霝頁⿰霝頁也

⿰兼頁　⿰岳頁　馘　頵　顓　頊

⿰兼頁又咸切⿰岳頁玉角切⿰兼頁⿰岳頁面少肉骨露也說文⿰兼頁頭頰長也⿰岳頁面肯岳也按⿰兼頁⿰岳頁止當作嵒崿

馘古獲切折俘馘也莊周曰槁項黃馘蓋㠯馘爲首又作聝說文曰軍戰斷耳也

頵去倫切又俱倫具隕二切說文曰頭頵頵大也

顓職緣切說文曰頭顓顓謹皃

頊許玉切說文曰頭頊頊謹皃

帝顓頊高陽氏莊周曰頊頊肰不自得

頜　顯　頪　囟

頜過合曷合二切春秋傳有頜氏說文曰頤也

顯呼典切昭著也說文曰頭明飾也从頁㬎聲徐鉉曰古㠯㬎為顯字爾雅曰光也

頪說文曰難曉也一曰鮮白皃从粉省唐本說文曰从迷省音闕孫氏盧數切按類㠯頪為聲頪㠯米為聲其義闕孫氏音近之

囟息進切頭會匘門也象形別作顖膟

囟之龤聲

𡿺　　𣬉　　目

𡿺奴皓切囟中髓也說文曰頭髓也从匕相匕著也巛象髮囟象𡿺形按𡿺囟中之髓安見有髮𡿺葢从𡿺𡿺之與囟猶孚與子𦣻與百也从匕疑與乑皆㠯匕爲聲俗作腦考工記作[illegible]

𣬉房脂切人𦜝也在頭爲囟在腹爲𣬉亦作膍加肉詩云福禄膍之毛氏曰厚也韓詩作肶

目莫六切司眠之竅也象形目本衡物其从書者讓而有合也故著其本文于上

眉 盾 ⿰盾圭

目之象形

𥄂眉門悲切目上毛也象形古鍾鼎文眉耆之眉作[篆][篆][篆][篆]其字从丏𦨶釁字也釁有門音亹是也故亦有眉音古書多假借荀子面無須麋僭用麋字

盾食允徒本二切干也象瞂干蔽目

盾之⿰盾皆聲

⿰盾圭苦圭切說文曰盾握也徐鍇曰盾鼻

也

𦣠

𦣠居倦切目囗也象形說文曰讀若書卷之卷古文㠯爲醜

目之會意

䀠

䀠九遇切兩目𠀤又眂䀠䀠然也凡驚䀠者失亾者其眂䀠䀠亦通作瞿記曰見佀目瞿聞名心瞿又曰瞿瞿如有求而弗㝵

又作⿱䀠介說文曰⿱䀠介目驚⿱䀠介然也

相　看　旻

相息亮切，度才也。工師用木，必相眂其長短曲直侌昜剛柔之所宜也。相之取義始於此。假借之用二：爲詔相、輔相；又爲交相之相，乎聲。

看苦寒切。翳手指眂也。或曰詹眂者必翳手加目。又古翰切。別作𥈟

旻火劣切。目使也。又忽域切。別作𥉂

闅　夐　窅

𥄎之龤聲

闅無分切說文曰低目眡也弘農湖縣有闅鄉汝南西平有闅亭

𥄎之疑

夐虛正切深遠夐絕之稱又渠營切說文曰營求也从人在穴上商書曰使百工夐求諸野按人在穴上無義爲當自爲一字今亾其音義尒

大九十八

窅烏皎切深目也目在穴中窅窅然別作⿰目窅

眼　睿　眲　㗊

小七十

眼烏括切抉眼也

睿吕芮切眡深徹也書曰恖曰睿睿作聖漢志作睿从叡省睿亦叡亦作叡說文曰深明也通也从㕡从谷省睿古文壡籀文从土

眲眠格切列子曰見商丘開衣冠不檢莫不眲之按類篇仍吏切疑从目耳𣪊

㗊聲義闕

奰

㗊之諧聲

奰平秘切詩云内奰于中國毛氏曰怒也按奰衆目怒眂之狀大𣪊亦作𡙟說文曰壯大也从三大三目二目爲䀠三目爲奰益大也一曰迫也讀若虙詩曰不醉而怒謂之奰

眼

目之諧聲

眼五限切目中眔白也易曰爲多白眼合

眸

睘白與匚謂之目醫經言五藏六府之精气上注於目爲精精之果爲眼骨之精爲童子筋之精爲睘眼血之精爲絡果气之精爲白眼肌肉之精爲約束果契筋骨血气之精與𠂢幷爲系系上屬於匘後出於項中故邪中於項因逢身之虛其入深則隨眼系㠯入於匘入於匘則轉轉則引目系急急則眩㠯轉邪中其精則其精不相比而睛㪔㪔則岐岐故眂物爲兩夫目者五藏六府之精也營衛魂魄之所營也故童子睘眼法於侌白眼赤𠂢法於昜

眸莫浮切目睘子中精也眸亦單作牟精

睛　矑　⿰目縣

睛俗从睛子盈切（說文無眸與睛）孟子曰存乎人者莫良於眸子眸子不能掩其惡匈中正則眸子瞭焉匈中不正則眸子眊焉

矑龍都切目睘子也古單从盧徐鍇曰盧言其睘也猶盧弓矢之盧揚雄賦曰玉女欣眺其清盧（說文無矑字）

⿰目縣預犬切（說文曰盧童子也）

睽　矏　眥　睚

睽直引直稔二切目睘白也莊周曰若有眞宰而不旻其睽類篇曰目兆也

矏名連切說文曰目旁薄緻宀宀也楚辭曰靡顏膩理遺眂矏又作矊矏方言黸童之子曰矊詳說文矏侶為眼白遺眂者轉其白

眥在詣在解二切目臱尾也史記曰目眥盡削說文曰目匡也別作眦睞又音漬

睚五隘切目匡皮也通作厓漢書厓眥莫

䀹　瞭　睟　睍

不誅傷睚眥謂忤眂也忤眂者正眂則目上指側眂則目指眥類篇曰一說叟目也別作矔

䀹子葉切目旁毛亦作睫別作⿰目⿸广疌⿰目妾

瞭力照切目明也周官眂瞭相瞽通作尞

睟雖遂切目清明也孟子曰其生色也睟然朱子曰清和潤澤皃也太玄衲睟陸氏曰純也

睍胡典切說文曰出目也

睅　睔　眅

睅戶版切說文曰大目也又作睍傳曰睅其目詩云睆彼牽牛伯曰睍睆目圜轉也詩云睍睆黃鳥言其音之圜轉也

睔盧昆切目圜大也說文曰目大也春秋鄭伯名睔陸氏古困胡忖二切皆非睔之音古困切者當作睴

眅普班切又去聲多白眼也亦爲反目皃爲目不明春秋傳鄭游眅字子明

矔　睢　眂　監

矔古玩切說文曰目多精也春秋傳宋有鱹矔

睢許規涓惠二切說文新附曰深目也淮南子曰睢然而眂漢有睢孟

眂甞利切又上聲又作眎視目識眂自識

眂書云視曰明明作哲

監古凡切又作矙凡接於目而眂之者爲

眂還觀憁觀爲觀眂事眂翰眂朔言眂觀

大二日冊三

奐觀社觀樂言觀此眂與觀之分孔子曰視其所㠯觀其所由察其所安人焉廋哉凡觀人之道先眂其所操之邪正故曰眂其所㠯所操正矣未知其所行也必愽觀其所行之實故曰觀其所由猶懇其矯飾也故必密察其所安焉眂之觀之而後有見故眂矔矑䀡从人目爲正觀示於人爲觀

睎　盼　睞　矑

⿱大凵⿰⿸厂目殳易曰中正以觀天下臺榭之以觀覽者亦曰觀魯有觀臺兩觀

睎香衣切伯曰望眂也

盼匹莧切攵又盼睞也詩云笑目盼兮毛氏曰黑白分也

睞洛代切游眺也說文曰童子不工也又作親内眂也

矑七句切注眂也別作覰覗

大𠄎五十三

眙　瞻　睠

眙丑吏切直眂也楚辭曰攬涕而竚眙又亏聲又作䁔賈誼曰䁔九州而相其君又盈之切盱眙地名

瞻職廉切仰視也古單作詹

睠居倦切屬目也書云皇天睠命曰睠求一悳詩云乃睠㒺顧亦作䀯詩云睠睠褱顧曰睠言顧之

睨　睥　睇

睨研計切側眡也孟子曰睨而不眡

睥匹計切睥睨斜目詹相也古通作俾倪亦作辟倪史記曰辰生俾倪故久又曰辟倪兩宮閒漢書作辟睨城上女牆可蔽己䀡敵者因名睥睨別作埤堄

睇他計特計二切微睨也記曰不敢睇眡楚辭曰既含睇兮又宜笑又曰離婁微睇

瞯　䀡　省　睦　督

瞯古限切闞眂也孟子曰王使人瞯夫子又曰瞯良人之所之別作覵覸覵與闞聲義相通

䀡癡廉敕豔二切瞯伺也亦作覘

省桑何切瞥覽也

睦莫卜切目龤也𡗗說文从囧非囧乃目之譌凡人之喜慍徃徃形於面目故和爲睦乖爲睽

督冬毒切董眂也凡董眂者必聚精凝眂

眇

督賷之義生焉人身督脈起於長彊要俞循膂上至風府入𡿺上巔循額出目中至鼻柱督脈蓋當身之中毌徹上下故衣縫當背之中達上下者亦謂之督別作裻莊周曰爲善無近名爲惡無近刑緣督㠯爲經謂中兩開而去今俗所謂騎縫也

眇弭沼切翕目微睇也故目偏小者亦謂

睢　盱

之眇易曰眇能視引其義爲微眇幼眇眇
小眇冥
睢楚追切眂周章皃也莊周曰而睢睢盱
盱說文曰仰目也
盱況于切張目望眂也詩云壹者之來云
何其盱易曰盱豫悔遲張目企望者必猶
豫不進也別作、⿰目夸

盻　瞠　盯　瞋　睊

盻胡段切恨視也孟子曰使民盻盻然或讀爲盼非

瞠他庚他郎二切張目直眡也莊周曰夫子奔軼絕塵而回瞠若乎後矣又作瞪

盯抽庚張庚二切張目上眡也

瞋昌眞切張目怒眡也說文曰祕書瞋作䀼別作𥆧嗔謓慎

睊扃眩切類篇曰側目相眡皃孟子曰睊

眣 眴

睊胥讒又弓聲

眣丑栗切目指也公羊傳曰郤克眣魯衛之使又曰眣晉大夫使與公盟

眴相倫切搖目也莊周曰見豚子食於其死母者少焉眴若皆棄之而走崔氏曰目動也一本作瞚又曰怵然有眴目之志一本作眴史記曰項梁眴籍顏師古曰動目也又作旬旬聲或吕此爲瞚或吕爲眩

瞚　眨　睒　瞏

瞚舒閏切目一翕張爲瞚又作瞬疑與眴實一字

眨側洽切翕目也又作睫又尼輒切別作眲

睒失冄切說文曰暫眂皃又作覢說文曰暫見也

瞏驚眂也詩云有杕之杜其葉青青獨行瞏瞏言獨行驚盼也縈問曰少昜皃者百節皆从目瞏絕系說者曰瞏直眂如驚皃　孫氏渠營切按詩瞏雖與青劦然袁於渠營之音不龤圜翾還獧環寰轘闤皆㠯瞏爲聲渠

大、廿九

睽 眕 瞥 矘 瞫

營眙非本聲也

睽苦畦切反目也因之爲睽乖

眕之忍切傳曰憾而能眕者鮮矣說文曰目有所恨而止也杜元凱曰安重也侗謂眕有忍意

瞥匹滅切說文曰過目也

矘他朗切說文曰目無精直眂也一曰不明

瞫昌枕式荏二切春秋傳有狼瞫說文曰深眂也

暉晚瞖矕　眯眵

一曰下眂也又竊見也

暉工鈍切目急出也

晚武限切瞖辰簡切說文曰晚瞖目眂皃又曰瞖大目也

矕盧丸莫限二切班固曰矕龍虎之文說文曰目矕矕也晉灼曰眂也

眯莫禮切又夻聲塵粃迷眂也別作瞇

眵七支切目傷眥多汁也

大、卅九

瞤 眚 瞟 瞑

瞤如匀切風勝目動也又作⿰目需

眚所景切目病也

瞟匹沼切目斜也

瞑模迥切又亐瞉瞑闔也亦通作冥又作眠莫千切令人㠯瞀爲眠楚辭曰致命於帝然後㝵瞑一本作眠徐鉉曰古無眠字又莫甸切書曰若藥弗瞑眩言㱃辛苦之坐目爲瞑眩

睡　眊　瞀

不可開也又作眄說文曰目偏合也

睡樹偽切說文曰坐寐也按此於古卽寐字

眊莫報切目少精不明也古與耄通老而眂眊也又作䁯說文曰低目眂也

瞀莫豆切眂眩易也伯曰歎气冒目也又亡遇切莊周曰予適有瞀病楚辭曰中悶瞀之

𥆧　眩　辨　䁝　瞢

忳忳又曰直悁瞀而自苦亦通作貿又作愗

𥆧呼荒切眂滋滋也亦通作巟

眩黃絢切眂惑也說文曰目無常主也或作旬眴揚雄曰目冥眴而無見師古曰音縣

辨瞢覓切說文曰小兒白眼也

䁝户扃切說文曰惑也又於瑩切

瞢謨逢莫庚二切又去聲目眂牻牻不明

𥌓

也夢省瞢傳曰不與於會亦無瞢焉猶曰

悶也古亦通作夢又作矒懵懜懞

𥌓莫結切眂不明也宋玉風賦曰中脣爲

胗㬎目爲𥌓呂氏春秋曰气鬱処目則爲

𥌓爲盲說文曰目眵也又作眛莫結莫括二切春

秋魯侯及邾儀父盟于蔑公羊穀梁氏作

眛漢書項羽收鍾離眛說文眛目不明也

矇　　盲　　瞽　瞍

矇莫紅切眸子微膜翳無見也令人所謂内障也又謂之清盲毛氏曰有眸子而無見也鄭司農曰有眹而無見也古亦單作冡記曰昭然若發冡

盲眉耕切目翳膜厚令人所謂外障也說文曰目無眸子也

瞽公戶切盲也鄭司農曰目無眹也徐鍇曰說書者曰若漫鼓皮

瞍穌后切瞽也詩云矇瞍奏公毛氏曰無眸子也

瞎　䁍　䁆　眢

鄭司農曰有眹無見謂之矇無眹謂之瞽無眸子謂之瞍

瞎許轄切無眸子也

䁍⿱罒夾甲切眸子枯臽也

䁆乙業切眸子臽壞目闔不可開也

眢一丸切眸子枯臽也井枯無水者因謂之眢井一說目深中夗夗也又作睕

矐　瞞　眔　睪

小九十二

矐海各切史記秦始皇惜高漸離善擊筑赦之矐其目司馬氏曰一音角說者云以馬矢熏使失明

瞞母官切又母渾切說文曰平目也杜林曰目皆平皃春秋傳長狄有鄋瞞今以爲欺瞞之瞞目之疑

眔說文曰目相及也从隶省孫氏迭合按鰥罬褱皆以眔爲聲孫氏音恐非

睪孫氏羊益切說文曰司覷古眂也从目从夲令吏將目捕罪人也

自

𦣹疾二蒲二二切司臭之竅也象形假借之用二爲自己之自爲自出之自假借之用奪本文故夏龤㠯畀鼻爲𦣹畀說文曰𦣹古文

自之龤聲

息

㥛相卽切出内气也說文曰息喘也从心从自自亦聲按心非息之義自亦非息之聲蓋从自心聲予初爲此說未之敢決考李陽冰之說亦然故定爲龤聲伯曰緐問云五气入鼻藏於心肺莊周曰眞人之息㠯踵入乎鼻藏乎心

息所以从自从心也息者生而消者耗故有消息生息之義子孫因亦謂之息贅無用之肉者曰息肉别作熄說文曰寄肉也人勞則止而息故爲休息因之爲止息爲息滅易曰水火相息别作又新息國名别作鄎非熄

鼻

齅許救切說文曰以鼻就臭也又許用切别作嗅

鼾　齂　齁　⿰鼻夾　鼽　⿰鼻⿱巛吕

鼾盱干切臥息也又呼旦切

齂許介切臥息也又作居說文曰臥息也

齁呼句切鼻息㱿也

⿰鼻夾呼甲切齁⿰鼻夾喘息气粗也别作⿰鼻合⿰鼻欠⿰夾欠

鼽巨鳩切鼻塞流涕也記曰民多鼽疐

⿰鼻⿱巛吕烏貢切鼻⿱巛吕濁也

自之疑

白　皆　魯

白

白說文曰亦自字也省自者詞言之气从鼻出與口相助也孫氏疾二切白从自無義許氏之說曲而不通疑从口入㱿

白之會意

皆古諧切說文曰俱詞也从比引之則凡相與俱者通曰皆別作偕

白之諧聲

魯郎古切說文曰鈍詞也

者　𡨄　耳

者之野切說文曰別事詞也从𣬉从古

文𡩋

𡨄武延切說文曰宀宀不見也闕

耳柔己切司聽之竅也象形借爲辭助而已之合爲耳孟子曰直不百步耳曰直好世俗之樂耳與尒通用又詩云六轡耳耳毛氏曰盛也按耳耳柔順皃

大字三九

耴　聅　聶

小三九

耳之象形

耴陟聶切象耳下垂

耳之會意

聅恥削切吕兵毌耳也司馬法曰小罪聅中罪刖大罪劉楚子玉治兵毌三人耳

聶尼輒切又女輒質涉二切附耳語聶聶也又作囁漢書曰咕囁耳語又作讘說文曰多言也

眰　聲　聞

耳之龤聲

眰他定切。耳之職。眰亦作聽。眰，耳之悳也。書云：眰曰聰。又曰：眰悳惟聰。又乎聲治事之地謂之眰事，古所謂廳事也。俗作廳庁。

聲書盈切。惟耳知聲，故聲从耳。

聞無分切。聲徹於耳也。聲聞乎外曰聞。右聲。詩云：鼓鐘乎宮，聲聞乎外。別作䎽[illegible]。

⿰目令　⿰目囪　睈

⿰目令郎丁切聲歷目也

⿰目囪倉紅切睈明也人作聰漢志恖明上通單作恖

睈式正切聲入心通也或問曰周官教六

悳知仁睈義中和睈可教乎曰可洪範曰

恖曰睿睿作睈恖深則通通極則睈易曰

惟深也故能通天下之志惟幾也故能成

天下之務惟神也故不疾而速不行而至

又曰知幾其神乎易之幾深睈也太任教文王吕一而識百易曰引而申之觸類而長之教睈之道也

聘

聘匹正切采睈也天子諸侯之交閒於倝覲則有聘問小曰聘殷曰眺聘从百眺从目其義相邇聘必命使故娶者内徵亦謂之聘别作娉說文曰娉問也聘訪也

䁓　䀕　眈

䁓質力切專睟也說文曰記微也引之爲專掌詩云䁓恩斯憂傳曰䁓汝之由安官者必有䁓掌故謂官䁓

䀕他曰切目曼衍也又作𨈖䀠又爲國名乃目切

眈都含切伯曰目瀕睟也故凡眈好者皆曰眈易曰虎視眈眈漢書作眈眈从目通亦作湛

又作媞說文曰樂也

⿱⺮百　⿰𦣻舌

⿱⺮百息拱切竦於所聞卓𦣻㠯眐也傳曰邊鄙不⿱⺮百曰駟民⿱⺮百俗作⿰彳⿱⺮百又作悚慫懮說文曰懮愳也引駟氏懮慫驚也讀若悚說文乃無悚字引之爲⿱⺮百太爲高⿱⺮百傳曰⿱⺮百之㠯行語曰能⿱⺮百其惪至亏神明亦作竦

⿰𦣻舌古活切讙聲⿰𦣻舌𦣻也別作懖⿰金⿱⺮百說文曰懖善自用之意引書今汝懖懖

聱　聊　　聵　聾　聤

聱五交奡到二切說文新附曰不聽也

聊洛蕭切說文曰耳鳴也偺爲聊且之聊詩云聊與之謀又偺爲聊賴之聊無聊之爲言猶曰無賴無俚也聊俚賴同聲

聵五怪戶數二切耳不聰聵潰潰也別佐聲

聾盧紅切耳閉塞無聞也

聤唐丁切耳病也

耵聹　聆　聯

耵，湯丁切。聹，囊丁切。耵聹，耳垢也。

聆，巨令切。周語曰：回祿信於聆隧。義闕。

耳之疑

聯，力延切。說文曰：連也。从耳，連於頰也。从絲，絲連不絕也。伯曰：聯事同聽也。按二說俱可疑。按書傳之用聯爲聯田之義故从絲。周官所謂官聯也。連爲連接之義故从車。

六書故弟十

孫夆謹校